智者大師

高僧傳

東土釋迦

編撰——賴志銘

【編撰者簡介】

賴志銘

政治大學哲學系畢、國立中央大學哲學博士，主要研究領域為大乘佛學及莊子哲學，亦喜涉獵其他人文科學及科普雜學，頗有學海無涯、窮究無盡之慨。

參酌歷代高僧大德之慧見與體悟，深覺佛法不僅是啟發眾生思惟「諸法實相」、生起大慈悲心的「哲學」指南，亦是指導吾人觀照身心、「認識自己」的生命「科學」，不受信仰限制，任何人皆可受用。

目前的工作為：慈濟傳播人文志業基金會出版部編輯、文字工作者。

【「高僧傳」系列編輯序】

令眾生生歡喜者，則令一切如來歡喜

「為佛教，為眾生」六個字，乃是印順法師於臺北市龍江街慧日講堂（後因大門遷移，地址遷至朱崙街）為證嚴法師授予三皈依、並賜法名時的殷殷叮囑：「既然出家了，你要時時刻刻為佛教、為眾生。」

依證嚴法師解釋：「為佛教」是內修清淨行，「為眾生」則要挑起如來家業，走入人群救度眾生。因此法師稟承師訓，一心一志「為佛教還原教義，為眾生點亮心燈」，而開展慈濟眾生的志業。

歷代高僧之「為佛教、為眾生」

證嚴法師開創「靜思法脈，慈濟宗門」，並將其與「為佛教，為眾生」合釋：「靜思法脈」乃「為佛教」，是智慧；「慈濟宗門」即「為眾生」，是大愛。

進而言之，「靜思法脈，慈濟宗門」即菩薩道所強調的「悲智雙運」：「靜思法脈」是「智」，「慈濟宗門」是「悲」；傳承法脈、弘揚宗門就要「悲智雙運」，積極在人間發揮慈、悲、喜、捨四無量心。此亦即慈濟人開展四大志業、八大法印時的根本心要。

由其強調「悲智雙運」可知，「靜思法脈，慈濟宗門」並非標新立異，而是傳承佛陀教法以及漢傳佛教歷代高僧的教誨——包括身教與言教，並要求身心皆徹底踐履。為了讓世人明瞭慈濟宗門之初心與悲願，也讓這些歷代高僧的事蹟與精神更廣為人知，大愛電視臺秉持證嚴法師的信念，於二○○三年起陸續製作《鑑真大和尚》與《印順導師傳》動畫電影，將佛教史上高僧大德的動人故事，經由動畫電影的形式，傳遞到全世界。

因為電影的成功，大愛電視臺進一步籌畫更詳盡的電視版〈高僧傳〉——採取臺灣民眾雅俗共賞的歌仔戲形式。〈高僧傳〉的每一部劇本都是經過數個月的資料研讀與整理，縝密思考後才下筆，句句考證、字字斟酌。製作團隊感受到每一位大師皆以身作則、行菩薩道的特質，希望將每位高僧的大願與大行傳遍世界。

然而，不論是動畫或戲劇，恐難完整呈現《高僧傳》中所載之生命歷程，以及諸位高僧與祖師之思想以及對後世之貢獻。因此，慈濟人文志業中心便就〈高僧傳〉歌仔戲所演繹過的高僧，以《高僧傳》及《續高僧傳》之原著為基礎，含括了日、韓等國之佛教史上的知名高僧，編撰「高僧傳」系列叢書。我們不採取坊間已有之小說體形式，而是嚴謹地參照人物評傳的現代寫法，參酌相關之史著及評論，對其事蹟有所探討與省思，並將其社會背景、思想及影響皆納入，雜揉編撰，內容包括高僧的生平、傳承及主要思想或重要經典簡介。從中，我們不僅可以讀到歷代高僧的智慧與悲心，亦可一覽相關的佛教史地、典籍與思想。

在編輯過程中，我們可以看到歷代高僧之「為佛教，為眾生」：鳩摩羅什飽受戰亂、顛沛流離，仍戮力譯經，得令後人傳誦不絕，乃是為利益眾生；玄奘歷萬里之險取得梵本佛經、致力翻譯，其苦心孤詣，是為利益眾生；鑑真六次渡海欲至東瀛傳戒，眼盲亦不悔，是為利益眾生；六祖惠能隱居十五載以避害身之禍，只為弘揚如來心法，並言「佛法在世間，不離世間覺；離世求菩提，猶如覓兔角」，亦是為利益眾生……

這些高僧祖師大可獨善其身、如法修行以得解脫，為何要為法忘身、受諸逆境而不退？究其根本，他們不只是為了參究佛法，而是深知弘揚大乘佛法的目的乃在於大慈大悲地度化眾生、讓眾生能得安樂；若不能讓眾生同霑法益，求法何用？如《大智度論．卷二七》所云：

一切諸佛法中，慈悲為大；若無大慈大悲，便早入涅槃。

由此可知，就大乘精神而言，「為佛教」即應「為眾生」，實為一體之兩面。

「大悲」為「諸佛之祖母」

除了歷代高僧之示現，「為眾生」之菩薩道的實踐，於經教中更是多不勝數、歷歷可證。例如，《無量義經．德行品第一》便說明了菩薩作為眾生之大導師、大船師、大醫王之無量大悲：

無量大悲救苦眾生，是諸眾生真善知識，是諸眾生大良福田，是諸眾生不請之師，是諸眾生安隱樂處、救處、護處、大依止處。處處為眾作大導師，能為生盲而作眼目，聾劓啞者作耳鼻舌；諸根毀缺能令具足，顛狂荒亂作大正念。船師、大船師運載群生渡生死河，置涅槃岸；醫王、大醫王，分別病相曉了藥性，隨病授藥令眾樂服；調御、大調御，無諸放逸行，猶如象馬師，能調無不調；師子勇猛，威伏眾獸，難可沮壞。

如來於《法華經．觀世音菩薩普門品》中宣說，觀世音菩薩更以三十三種應化身度化眾生：

佛告無盡意菩薩：善男子，若有國土眾生，應以佛身得度者，觀世音菩薩即現佛身而為說法；應以辟支佛身得度者，即現辟支佛身而為說法；應以聲聞身得度者，即現聲聞身而為說法；應以梵王身得度者，即現梵王身而為說法；應以帝釋身得度者，即現帝釋身而為說法……應以天龍、夜叉、乾闥婆、阿修羅、迦樓羅、緊那羅、摩候羅伽、人非人等身得度者，即皆現之而為說法；應以執金剛神得度者，即現執金剛神而為說法。無盡意，是觀世音菩薩成就如是功德，以種種形遊諸國土，度脫眾生，是故汝等應當一心供養觀世音菩薩。是觀世音菩薩摩訶薩，於怖畏急難之中能施無畏，是故此娑婆世界皆號之為施無畏者。

為何觀世音菩薩要聞聲救苦？因為菩薩總是「人傷我痛、人苦我悲」，恆以「利他」為念。如《大丈夫論》所云：

菩薩見他苦時，即是菩薩極苦；見他樂時，即是菩薩大樂。以是故，菩薩恆為利他。

正是因為這般順隨眾生、「以種種形」而令其無畏的無量悲心，讓觀世音菩薩受到漢傳佛教乃至於華人民間信仰的共同崇敬。慈濟人之所以超越貧富、超越國界、超越宗教地去關懷與膚慰需要幫助的生命，便是效法觀世音菩薩無量悲心、無量應化的精神。

在《法華經．普賢菩薩勸發品》中發願、將於佛滅後守護及教導受持《法華經》之眾生的普賢菩薩，於《華嚴經．普賢行願品》中則教導善財童子如何供養諸佛，亦揭示了如來、菩薩、眾生的關係：

於諸病苦，為作良醫；於失道者，示其正路；於闇夜中，為作光明；於貧窮者，令得伏藏。菩薩如是平等饒益一切眾生。何以故？菩薩若能隨順眾生，則為隨順供養諸佛；若於眾生，尊重承事，則為尊重承事如來；若令眾生生歡喜者，則令一切如來歡喜。何以故？諸佛如來，以大悲心而為體故。因於眾生，而起大悲；因於大悲，生菩提心；因菩提心，成等正覺。……若諸菩薩，以大悲水饒益眾生，則能成就阿耨多羅三藐三菩提故。是故菩提，屬於

> 眾生；若無眾生，一切菩薩終不能成無上正覺。善男子，汝於此義，應如是解。以於眾生心平等故，則能成就圓滿大悲；以大悲心隨眾生故，則能成就供養如來。

《大智度論．卷二○》亦云，佛陀強調，大悲心乃是諸佛菩薩之根本，具大悲心方能得般若智慧，亦方能成佛：

> 大悲，是一切諸佛、菩薩功德之根本，是般若波羅蜜之母，諸佛之祖母。菩薩以大悲心，故得般若波羅蜜；得般若波羅蜜，故得作佛。

> 「菩薩若能隨順眾生，則為隨順供養諸佛；若於眾生，尊重承事，則為尊

重承事如來；若令眾生生歡喜者，則令一切如來歡喜。」閱及此段，不禁令人深深體會證嚴法師之智慧與悲心：慈濟宗門四大、八印之聞聲救苦、無量應化地「為眾生」，也是同時「為佛教」地供養諸佛、令一切如來歡喜啊！

歷代高僧雖未如慈濟宗門般推動慈善、醫療、乃至於環保、國際賑災等志業，乃因其時空因素，欲度化眾生先以弘揚大乘經教與法義為重；現今經教已

備，所須的乃是效法菩薩道之力行實踐！慈濟宗門便是上承歷代高僧與經論之教法，推動四大、八印，行菩薩道饒益眾生，以此供養如來。

換言之，歷代高僧之風範、智慧及悲願，為佛教，也為眾生，此即諸佛菩薩之本懷，亦為慈濟宗門之本懷！這便是《高僧傳》系列叢書所欲彰顯者。

遙企歷代高僧儼然身影，我們可以肯定：為眾生，便是為佛教；為佛教，一定要為眾生！

【編撰者序】

「支那弘道無二人」——盡顯《法華》之妙的智者大師

「七佛譯經師」鳩摩羅什譯出了傳誦千載的《妙法蓮華經》；然而，此經箇中之「妙」，卻於什師圓寂百餘年後，方由隋代的智者大師發揚光大！

「我法妙難思」的《法華經》

在《法華經·序品第一》中，佛陀入無量義處三昧後，文殊菩薩預告，如來將會宣說《妙法蓮華經》。

奇怪的是，佛陀出三昧之後，在〈方便品第二〉一開始，不是對文殊菩薩說話，卻是對舍利弗——佛陀弟子中「智慧第一」——開示。佛陀先說自身已成就方便波羅蜜，所以能「廣演言教」、「巧說諸法」，以「無數方便引導眾生」：

吾從成佛已來，種種因緣，種種譬喻，廣演言教，無數方便引導眾生，令離諸著。所以者何？如來方便知見波羅蜜，皆已具足。……舍利弗，如來能種種分別，巧說諸法，言辭柔軟，悅可眾心。

然後，舍利弗都還沒說話呢，佛陀馬上又說：

止，舍利弗，不須復說。所以者何？佛所成就第一希有難解之法，唯佛與佛乃能究盡諸法實相。

是法不可示，言辭相寂滅；諸餘眾生類，無有能得解。

意思就是說：佛所證悟的佛法實在太難了，只有成佛才能「究盡諸法實相」，你就不要問了！

聽佛陀這麼說，與會的諸多僧俗當然都很好奇：佛陀到底證悟的是什麼法？連我們這些已證阿羅漢果的也難以了解？

「智慧第一」的舍利弗知道大家在想什麼，便代大家發問，祈請佛陀宣說「甚深微妙難解之法」。

想不到，舍利弗的祈請，卻遭佛陀兩度拒絕：

爾時佛告舍利弗：「止，止，不須復說。若說是事，一切世間諸天及人，皆當驚疑。」

佛復止舍利弗：「若說是事，一切世間天、人、阿修羅皆當驚疑，增上慢比丘將墜於大坑。」

爾時世尊重說偈言：止止不須說，我法妙難思；諸增上慢者，聞必不敬信。

好不容易，經舍利弗鍥而不捨地三次祈請，佛陀終於答應說法了；這時，卻又發生令人意想不到的事：

爾時世尊告舍利弗：「汝已殷勤三請，豈得不說。汝今諦聽，善思念之，吾當為汝分別解說。」說此語時，會中有比丘、比丘尼、優婆塞、優婆夷、五千人等，即從座起，禮佛而退。

佛陀還沒說是怎樣的法呢，竟然就有五千人「罷聽」退席？這樣的情節，在浩瀚的佛經裡是絕無僅有、「空前絕後」的！

這五千人為何離席？經中的解釋是因為「此輩罪根深重，及增上慢，未得謂得、未證謂證，有如此失，是以不住」；也就是說，他們便是佛陀所言「聞必不敬信」的「諸增上慢者」。

「小故事」，大道理

《俱舍論．第十九卷》云：「於未證得殊勝德中，謂已證得，名增上慢。」簡言之，就是以自己證得增上之法（殊勝的法門）而起慢心，認為自己勝過他人。

那麼，佛陀在這裡所謂的「增上慢」又是指什麼呢？

在《大寶積經．卷第九十．優波離會第二十四》裡，佛陀對於「增上慢」的說明，或可提供我們一些線索：

優波離白佛言：「世尊！云何聲聞及菩薩乘增上慢者？」

佛告優波離：「若有比丘作是思惟：『我斷貪欲。』名增上慢；『我斷瞋恚及以愚癡。』名增上慢；『貪欲法異、諸佛法異。』名增上慢；『瞋恚法異、諸佛法異。』名增上慢；『愚癡法異、諸佛法異。』名增上慢；謂有所得，名增上慢；謂有所證，名增上慢；謂有解脫，名增上慢；見諸法空，名增上慢；見於無相，名增上慢；見於無願，名增上慢；見於無生，名增上慢；見無所作，名增上慢；見有諸法，名增上慢；見法無常，名增上慢；謂諸法空、何用修習？名增上慢。優波離！是名聲聞乘人增上慢者。

「云何名為菩薩乘人增上慢者？若諸菩薩作是思惟：『我當發心求一切智。』名增上慢；『我當修行六波羅蜜。』名增上慢；『唯依般若波羅蜜而得解脫，更無餘法而得出離。』名增上慢；『此法甚深、此非甚深。』名增上慢；『此法是淨、此法非淨。』名增上慢；『此諸佛法、此緣覺法、此聲聞法。』名增上慢；『此法應作、此不應作。』名增上慢；『此是深法、此非深法。』名增上慢；『此是近法、此非近法。』名增上慢；『此是正道、此是邪道。』名增上慢；『我於阿耨多羅三藐三菩提為疾得耶？不疾得耶？』名增上慢；『一切諸法不可思議，無能知者。我能了知。』名增上慢；乃至於不可思議阿耨多羅三藐三菩提而起思惟，為大執著，是名菩薩增上慢者。」

什麼？佛陀對「持戒第一」的優波離說，有「我斷貪瞋癡三毒」乃至於「我當修行六波羅蜜」等念頭，便都是「增上慢」？如此一來，眾生該如何修行呢？無怪乎「諸天及人，皆當驚疑」了！

問題還在於：對此「希有難解」、「不可示」、「妙難思」之法，佛陀該怎麼講呢？

佛陀所採取的宣說「策略」就是：講故事！

據當代的腦神經科學及心理學的研究，「說故事」之所以會吸引我們，是因為人類遠古以來乃是透過「說故事」來傳承生命智慧；長久下來，大腦在接收故事情節的同時，便學習並強化了自身面對各種生活情境與事件的反應能力。這是人類在面對大自然和社會複雜情境時所需要的生存本能。

佛陀用故事來講道理的經典所在多有，例如《百喻經》、《法句譬喻經》等；藉由說故事，佛陀將諸法的無常、眾生的愚癡，形象化地深植在聽眾心版上，讓聽眾於日常中便能觸境生心，想到佛陀的苦心教誨。

佛教文學學者加地哲定淺白地形容：所謂的譬喻、說話、寓言等，乃是述說者降低自已的知識水平與聽者配合，用平易的方式，令聽者不自覺地接受與領會。

《大智度論．釋句義品》亦云：「眾生聽受種種不同，有好義者，有好譬喻者。譬喻可以解義；因譬喻心則樂者，如人從生端政，加以嚴飾，益其光榮。」

然而，《百喻經》、《法句譬喻經》只是以淺顯的故事宣說「無常」、「戒慎」及針砭眾生之愚癡等概念；對於「不可示」、「妙難思」的「第一希有難解之法」，也能用故事開顯？

佛經中的寓言往往是採「以指見月」的形式指引讀者；我們如果只注意手指，就會看不到明月。換言之，如果只停留在故事層次，便難以深入經中之奧義。

尤其是如《法華經》這種「妙難思」的經典，更需要透過高僧的詮釋才能理解。而智者大師的「天台三大部」——《法華玄義》、《法華文句》、《摩訶止觀》，就是幫助我們了解《法華經》的重要指引。

以二十萬字開顯「妙法蓮華經」五字之妙！

在智者大師之前，已有竺道生及法雲兩位高僧為《法華》作註；在智者大師之後，則有三論宗的吉藏大師及唯識宗的窺基大師對《法華經》予以疏解。

然而，對於《法華經》的詮釋，後人莫不以智者大師的「天台三大部」為圭臬，更由此開出中國佛教的第一個宗派——天台宗！（「天台」乃是專有名詞，指「天台縣」與「天台山」，並非「天臺」。）

智者大師對於《法華》以及其他經論義理之精熟與研究之透徹，讓他可在講解「妙法蓮華經」這五字經題時，便講了九十天，弟子灌頂將其精簡、整理為二十萬字！便是後來的《法華玄義》一書。透過「天台三大部」，智者大師令後學得以修習「第一希有難解之法」之義學，更同時開出止觀禪修法門。

藉由《法華經》的「一乘思想」，智者大師繼往開來，集大成地將大小乘之思想予以融會、定位，以《法華》之圓融思想統攝之，構建了一個恢宏而精微的的佛法體系。智者大師不僅創立一真正嚴格的判教系統，總持當時的諸派佛法，消融其紛爭；其「圓融三諦」、「一念三千」、「敵對相即」等思想，更是充分彰顯「一乘」之圓妙。

縱觀中國佛教史，吾人可說，沒有智者大師，便開顯不出《法華經》之精采、精微、精妙！

清末民初的淨土宗印光大師曾經題過一副對聯，盛讚智者：

教判五時，化儀化法雙詮，靈鷲親承諸善逝；

佛明六即，心作心是並闡，支那弘道無二人。

印光大師讚歎智者大師「五時八教」判教體系，認為其與如來教法相契（親承諸善逝）。其下聯則讚歎智者大師以「六即（佛）」來說明「眾生即佛」的根本及修習佛道之歷程，以及心、佛、眾生的關係，認為中國佛教史上沒有第二個人能夠像智者大師般弘法！在佛、法、僧三個層面上，印光大師皆對智者大師推崇至極。

當代的印順法師也曾指出，智者大師的佛學體系建構始終是「活潑的應用」；以客觀研究的眼光來看雖有待商榷，但仍是「無比的偉大」；其顯示「中國佛學完滿的典型」，乃是以修證經驗來貫通經論教理，屬於「教觀雙美」的乙型佛學（經驗與知識綜合）。相對於「學匠」而言，智者大師更像是「哲學家」（一如「畫匠」與「畫家」之層次不同）。印順法師推崇，這樣的佛學可以啟發人、感動人、使人忘我。

印順法師之弟子證嚴法師，不但以極大願力宣說《無量義經》與《法華經》，更建立慈濟宗門，以「四大八印」實踐《法華經》之觀世音、常不輕以及無量千萬億從地涌出諸菩薩之行門。其「淨化人心、社會祥和、祈求天下無災難」三願，不僅是印順法師期許「為佛教、為眾生」之大願展現，亦正好遙契智者大師畢生心力所在：「生來所以周章者，皆為佛法、為國土、為眾生」！

智者大師之所以有如此成就，乃是其以「為眾生」之大悲心，甘冒戰亂之險求教於南嶽慧思禪師，因此得以修習法華三昧，而有之後的「大蘇妙悟」及「華頂降魔」等經過；也因慧思禪師的指點，禪修與教理並重，方能創建「教觀雙美」的天台宗。其精進不懈、「為佛教、為眾生」的生命歷程，實可令後世佛弟子們借鏡、效法。

本書的第一部分，便是編撰智者大師的生平；主要是參考灌頂大師《隋天台智者大師別傳》、《國清百錄》及唐代道宣律師的《續高僧傳》，還有北宋曇照法師的《智者大師別傳註》、以及南宋志磐法師的《佛祖統記》。

當然，除了大師的傳記，更不可錯過的乃是智者大師留給後世的思想瑰寶；其不僅是中國佛教，更是日、韓佛教乃至整部佛教發展史的里程碑！

本書的第二部分，便盡量在有限的篇幅裡，參酌諸多學人的研究成果（詳見「參考資料」），將天台宗的重要典籍（天台三大部）及思想——包括五時八教、三諦圓融、一念三千、敵對相即等——精要而清楚地予以說明。在智者大師看來，如此簡要的說明或許如「加水之乳」，尚不足以滋養慧命；但希望能作為一入門，讓讀者更進一步認識智者大師與《法華經》之圓妙。

期許本書能成為讀者一窺《法華》奧義及天台思想之敲門磚，進而於視聽嗅觸、舉手投足、行住坐臥之間，時時觀心、處處得悟，體證智者大師「一色一香無非中道」（《摩訶止觀》）的實相境界。

目錄

影響

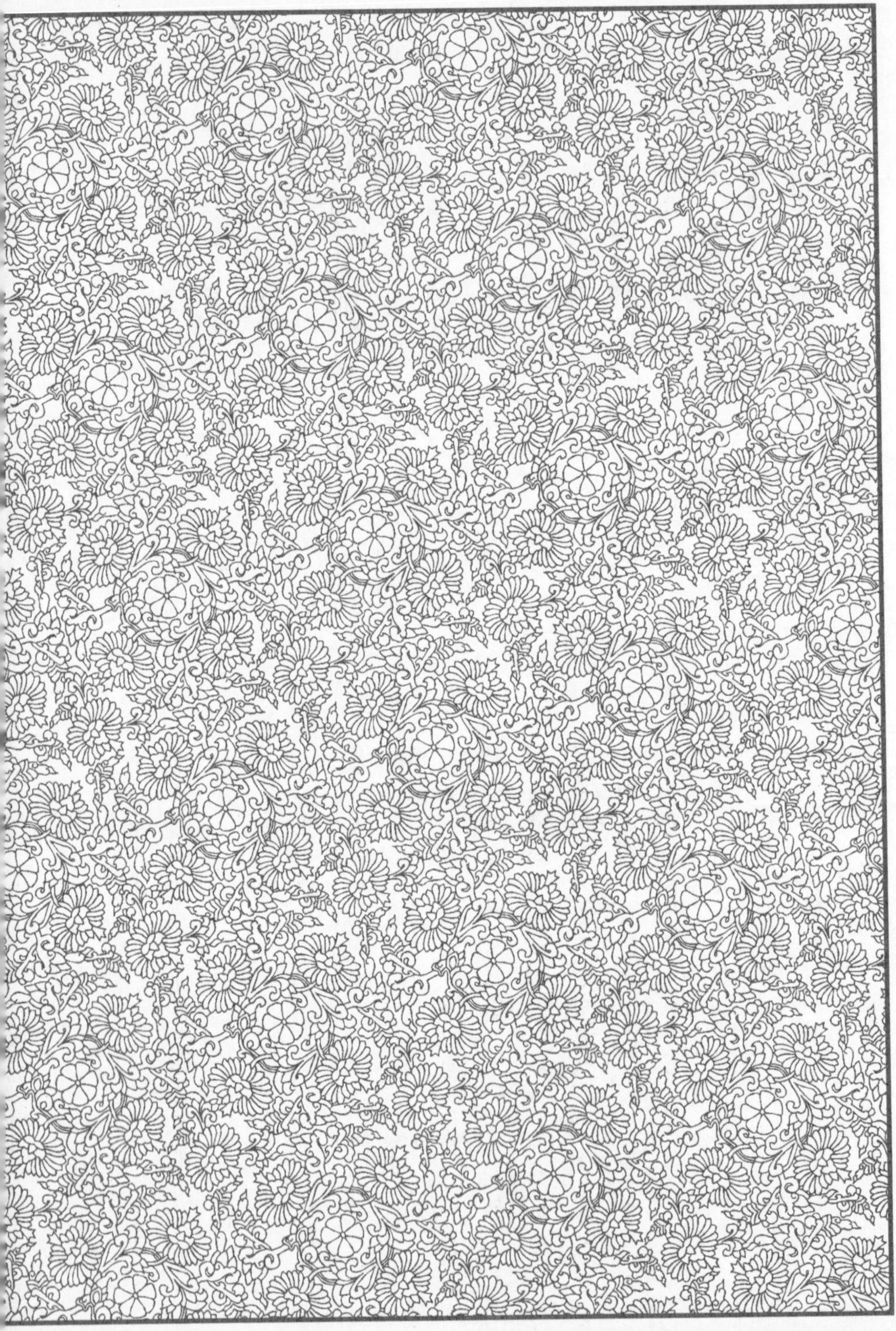

示現

緣起

動盪的南北朝——智者大師身處的時代……

數百年來官私佛寺，掃地並盡！融刮聖容，焚燒經典。……
三方釋子，滅三百萬，皆復為民，還為編戶。

鳩摩羅什圓寂（西元四一三年）二十餘年後，中國開始南北對峙的南北朝時代（南朝劉宋四二〇年建立，北魏於四三九年統一北方）；佛教亦於此時期發展極盛，卻也曾遭禁滅之禍……

尊崇佛教

東晉初期，大批北民南遷；在帝王及世家的扶持下，佛教在江南地區空前發展。例如，孝武帝時，僧官比丘尼支妙音不僅「富傾都邑」，更能干預國政：

「權傾一時，威行內外」，可見其勢力之巨。

在中國北方建立政權的五胡各族亦信奉佛教，佛教因此得於北方推展，並與國家政治緊密聯繫。例如，後趙皇帝石虎下詔：「佛號世尊，國家所奉」，明令漢人可以出家為僧，並免除兵役、徭役，民眾往往為自保而出家為僧。後趙時，境內有寺院八百九十多座；南燕皇帝慕容德還為高僧「封王號」、「奉厚祿」。前秦建元二年（西元三六六年），苻堅主持開鑿敦煌莫高窟，成為中國歷史上的佛教盛事。不論這些統治者是崇拜神僧之感應、或是尊崇高僧之德行學養，皆令佛教為世人所景仰。

在南朝，各代帝王都崇奉佛教，或敦請高僧資政。舉例言之，劉宋文帝曾先請僧人慧琳參與國政，時人稱「黑衣宰相」（黑色僧服）；文帝之子武帝則時常率群臣問法於求那跋陀羅；齊高帝蕭道成任僧人法獻和玄暢為參知政事，時人稱為「黑衣二傑」。

這些崇佛的帝王中，又以梁武帝蕭衍為甚。他自稱「三寶（佛、法、僧）

之奴」，曾率道俗二萬人捨道歸佛；又提倡戒肉食，親作〈斷酒肉文〉；下旨令僧人寶唱撰輯《梁皇寶懺》；又建寺鑄像、講經注疏、設齋供僧，推動各種法會、佛事；甚至四次捨身同泰寺（今雞鳴寺），臣屬不得不傾盡國庫為皇上贖身。此外，他並曾迎達摩禪師於廣州、迎真諦法師於南海。當時，南梁境內有寺院三千多所、僧尼八萬三千餘人。杜牧〈江南春〉詩中便描繪了當時盛況：「南朝四百八十寺，多少樓臺煙雨中。」梁武帝可說為歷代帝王中篤信佛法第一人。

至於北朝，北魏道武帝拓跋珪將佛教定為國教，並任命僧人沙果為國師，設立玄昭寺管理全國佛教事務。北魏孝文帝曾七次下令振興佛教，亦精於佛理，經常到各大佛寺聽講經，並主持開鑿洛陽龍門石窟、天水麥積山石窟。據《魏書．釋老志》載：魏末時，境內有寺院近三萬座，僧尼兩百餘萬。北齊時，境內寺院竟達到四萬餘所；北齊極盛時總人口約兩千兩百萬，僧尼便將近三百萬人。

佛教之所以能如此興盛，自與統治者之提倡有關；而這些在上位者之所以尊崇佛教與僧人，除了信仰因素，亦有其政治考量。

例如，南朝宋文帝曾與臣下談論佛教的社會作用，便認為「若使率土之濱，皆純此化，則吾坐致太平，夫復何事？」北魏道武帝任用法果為「道人統」——統領全國僧眾，開啟中國僧官的先河；法果則提倡「現在皇帝即當今如來」，並謂：「能弘道者人主也；我非拜天子，乃是禮佛耳。」與東晉慧遠大師所倡之「沙門不敬王者」論所持之態度，可謂相去甚遠。

此外，北魏文成帝時的「沙門統」曇曜，則在朝廷支持下設立「僧祇戶」和「佛圖戶」，首創佛教的社會福利事業。其並主持中國第一處由皇室顯貴支持開鑿的大型石窟——雲崗石窟；除了祝禱佛法常住，亦有為王朝及國家祈福之意。

總而言之，南北朝時，佛教的發展邁向了巔峰；統治者需要佛教安定人心，佛教亦服膺政治權勢、受其推崇。寺院因此擁有大量的土地和轄戶，成為重要的社會勢力和強大的經濟實體。寺院透過出租土地，令農民依附其生存；寺院還「多角化經營」，包括經商、採礦、借貸等，積聚巨額財富，形成了相對獨立的寺院經濟。佛教及寺院作為強大的政治與經濟力量，參與了國家政治，並廣泛影響著社會生活。

毀禁佛教

然而，佛教的興盛，卻也形成國家經濟與治安上的問題。佛教的相關建設及傳布，對當時經濟生活的影響頗深；舉凡興建佛寺、雕塑佛像、舉辦佛事等，均須耗費鉅資。由於當權者之優待，寺院除了有眾多之田地，或自耕或出租，還可經由宣揚布施來增加收入。許多百姓亦藉寺院以避役，是為「白徒」、「養女」，而產生「天下戶口幾亡其半」的嚴重現象。只是，如此產生的僧尼，素質當然參差不齊，不免令識者側目；佛教所掌握的經濟力量與群眾力量，更令道教及儒者多有顧忌。

此外，隨著佛教的廣泛發展，其教義深入民心，有不少人利用佛教的平等思想來反對當權者和僧俗豪強；某些成群結夥的佛教「偽濫」僧，便是北魏末年的一大災禍，往往成為民變的根源。據記載，西元四〇二至五一七年之間，至少有九起佛教信眾所引發的農民叛亂。

例如，北魏宣武帝延昌四年（西元五一五年），冀州沙門法慶聚眾起事，自號「大乘」，引用佛經中「彌勒下生成佛」之說，宣稱「新佛出世，除去眾魔」，卻燒寺院、焚經像、殺僧尼，延續近兩年，最盛時有五萬餘眾，史稱「法慶之亂」。

由此可以窺見，寺院經濟活動影響了國家的稅賦、兵役，形成當權者難以容忍的隱患，隨時可能招致滅頂之災；對佛教的崇信更成為社會動盪的因子，當然會遭到統治者及對立的朝野人士（如道教及儒者）不滿。因此，在北朝，便導致兩次「滅佛」。

北魏太武帝滅佛，自太平真君七年（四四六年）下詔，至其駕崩（四五二年）為止，滅佛時間共六年，史稱「太武滅佛」、「太武法難」。

太武帝拓跋燾原本崇尚佛教。然而，當他在東征西討的爭戰過程中，漸漸發現兩個很大的問題：一是兵源越來越少，朝廷快無兵可徵了；另一個大問題就是，國庫居然也越來越空虛！

為何會如此？太武帝進一步了解到，原來，第一個問題的原因是，老百姓為了逃避徭役，遁入寺廟出家；第二個問題的原因則是，大量的社會財富逐漸變成了寺廟經濟，朝廷稅賦大量流失，國庫自然就拮据了。

後來，他受到司徒崔浩以及道士寇謙之的影響，轉奉道教，並於西元四四〇年改元為「太平真君」。太平真君七年，太武帝西征途中抵達長安，見到佛寺僧侶多所破戒，釀酒、私藏兵器、淫亂婦女，頗為不滿，崔浩便趁機建議滅佛。三月，太武帝下詔坑殺長安沙門，並且命令留守的皇太子拓跋晃燒毀佛經、處決僧侶。太子因為篤信佛教而緩行，僧侶們得以先作準備而逃過死劫，但是殿宇多毀。

北魏之後，時至北周，再度發生「滅佛」事件。自北周武帝建德三年（五七四年）始，至其駕崩（五七八年），滅佛時間共五年，史稱「建德毀佛」。

北周武帝宇文邕在位期間，擺脫鮮卑舊俗，整頓吏治，使北周政治清明，百姓生活安定，國勢強盛。宇文邕個人生活儉樸，甚為關心民間疾苦。

各大寺院當時積累了大量銀錢、田地，逐漸形成與朝廷分庭抗禮的新政治力量。出家人依仗寺廟的權勢胡作非為、苛扣農民，不受國家法規約束；大量土地和稅捐被宗教組織控制，嚴重侵蝕國力。在這種背景下，北周武帝決心禁佛。

建德二年，宇文邕決定三教先後，以儒為先、道次之、佛教最末，佛教界為此屢次抗議。

建德三年五月十五日，周武帝下詔「禁佛、道二教，經書、佛像盡毀，並令沙門、道士還俗為民。並禁諸淫祀，禮典所不載者，盡除之。」一時間，北周境內「融佛焚經，驅僧破塔……寶剎伽藍皆為俗宅，沙門釋種悉作白衣。」各地佛寺皆遭拆毀，僧人多被勒令還俗。

建德六年，北周滅北齊後，繼續推行滅佛政策，毀寺四萬，強迫三百萬僧、尼還俗，重新成為國家編戶，使寺院占有的大量人口開始向國家納稅服役；這對急需兵源和財力的封建朝廷來講，其重要性不言而喻。

當時的高僧淨影寺慧遠（非東晉的慧遠）對宇文邕抗議道：「陛下今恃王力自在，破滅三寶，是邪見人；阿鼻地獄不簡貴賤，陛下何得不怖？」

宇文邕相當「霸氣」地回應道：「但令百姓得樂，朕亦不辭地獄諸苦！」慧遠卻不以為然：「陛下以邪法化人，現種苦業，百姓當共陛下同墮地獄，何處有樂可得？」

當然，國家一時間多了大批人力與財力，自是顯得強盛；不過，若掌政者又藉此興兵（南征），只怕隨即又招苦果。

不僅如此，官方下令禁佛，肯定會有許多不明所以的百姓隨之起舞，輕賤經書、僧尼，甚至加入焚經毀寺的行列。姑且不論所謂的業報，對於當下的社會安定力量及精神文明，都是某種破壞。如此一來，「何處有樂可得？」

北周武帝滅佛運動還確立了沙門必須尊重王權的政治原則，確立了中國王朝政教分離、以政統教的傳統。

縱觀這兩次滅佛，有著相同的背景——社會動盪、相同的誘發因素——佛教所擁財產甚多、相同的手段——勒令僧侶還俗、這也是中國宗教劫難的一個特殊之處，即往往並非不同教徒間的傾軋，而是統治者囿於政治形勢，不得已而為之。

佛教之南北差異

所幸，隋文帝（西元五八一至六〇四年）繼承了北周的統治，一開始就改變了宇文邕毀佛的政策，而以佛教作為鞏固期統治權的方針之一。這和他出生在馮翊（今陝西大荔縣）般若尼寺受智仙尼的撫養、和即位時僧人曇延力請恢復佛教不無關係。

他首先下令修復毀廢的寺院，允許百姓出家；又令每戶出錢營造經像，長安（時為首都）及並州、相州、洛州等諸大都，邑由官家繕寫一切經，分別收藏在寺院及祕閣之內，從而天下風從，形成民間的佛經比儒家的六經還要多的現象。

不過，佛教本身的發展亦有分裂、排擠的問題。

在鳩摩羅什之後，南朝的譯經事業在中國佛教史上亦占有重要地位，無論譯經卷數或其範圍都相當可觀；經論研究也蔚為風氣，促成各家學派的成立。晉、宋之交，義學高僧如道生、慧觀、佛馱跋陀羅（覺賢）自關中至廬山而轉建業（今南京），沮渠京聲、佛陀什、良耶舍、求那跋陀羅等譯經高僧亦陸續南來，建業遂代廬山而成為南朝佛教領導中心，奠定了南朝譯經的基礎。

法顯所譯六卷《大般泥洹經》因道生提倡而頗盛；至慧觀、謝靈運，就北涼曇無讖譯四十卷《大般涅槃經》重加整理成三十六卷的南本《大般涅槃經》後，學者無不研習，注疏甚多，因而形成涅槃學派。《涅槃》在南北朝的盛行程度，堪比《般若》於魏晉兩朝。

又沮渠京聲譯《佛說觀彌勒上生兜率天經》與《佛說彌勒下生經》，兜率淨土思想因此盛行一時。良耶舍譯出《觀無量壽佛經》等，對於淨土教的傳播產生莫大助益。僧伽跋摩譯出《雜阿毗曇心論》，形成專研毗曇學的風潮。

求那跋陀羅最主要的譯經有《勝鬘經》、《楞伽經》，對中國如來藏思想的開展帶來深遠影響。陳朝真諦譯有《攝大乘論》、《攝大乘論釋》、《俱舍論》等，使無著、世親之學弘傳於中國，同時亦開啟攝論、俱舍二學派。又「三論」（《中論》、《百論》、《十二門論》）以僧朗、僧詮及法朗而中興；《成實》在梁朝時更為興盛。

南朝繼承東晉重視佛教義學的傳統，在佛教理論上多有發明。特別是劉宋一代，在建康組成了以佛馱跋陀羅和求那跋陀羅為核心的譯場，湧現出慧觀、慧嚴等一大批學僧，繼續影響著士大夫的思想風貌。

北朝諸帝，除北魏太武帝和北周武帝的短暫時刻外，無不扶植佛教。與南朝相比，它偏重與辦福業建造和禪行神異，其義學則在宣揚律己禁欲。

就總體說，北朝更重禪法（禪定之學）；惠始、佛陀、僧稠等，都受到北朝帝王的禮遇。原因也在於禪僧影響群眾廣泛，同時傳授內容又不出持戒、禪定等「調心」的範圍，頗合乎統治者的需要。

中土判教的起源，則有兩方面。其一，佛教傳來，到南北朝時代的二、三百年間，三藏經典已大致譯出。這些教典，在印度出現的時地和因緣各異，而且隸屬的部派有別，因而所顯的義理互有出入，「有／空」、「性／相」等諸多學說並陳。然而，佛教的教義，是在多樣之中有其統一之脈絡的；想將這些紛歧的教義加以整理，予以有秩序地配置，進而形成一整個佛法體系，乃是教相判釋產生的原因之一。

其二，由於這時教典略備，學者鑽研探討，各有所崇，思想的體系逐漸成熟，因而逐漸呈現宗派的雛形，如毗曇師、成實師、涅槃師、地論師、攝論師等相繼出現。他們把釋尊一代的教法，依一家的義旨，或者以時間的配列、或者就教理的淺深加以組織，來剖析解釋，以闡明各家在整個佛教當中所據的地位和價值。這是教相判釋產生的另一原因。

首先是姚秦的鳩摩羅什，依據《維摩詰經》的「佛以一音演說法，眾生隨類各得解」而倡一音教。

什師的弟子竺道生，則有四種法輪之說：一為善淨法輪（《小乘經》），二為方便法輪（《般若經》），三為真實法輪（《法華經》），四為無餘法輪（《涅槃經》）。

同為什師的弟子慧觀，則倡二教五時。「二教」是指頓（《華嚴經》）與漸（餘諸經），「五時」是將漸教分為有相教（小乘，又名三乘別教）、無相教（般若，又名三乘通教）、抑揚教（《維摩》、《思益》等經）、同歸教（《法華經》）、常住教（《涅槃經》）。

以慧觀的教判為基礎，開出江南的三家；江北也開出七家，合稱為當時的「南三北七」。

江南三家以頓教（《華嚴經》）、漸教（《小乘經》乃至《般若經》）、不定教（《勝鬘經》、《金光明經》）的三教判為主：

（一）虎丘山（有寫成「武丘山」）的岌法師，將漸教立為有相（小乘）、無相（般若）、常住（涅槃）的三時教。

（二）宗愛法師，將漸教立為有相、無相、同歸（法華）、常住的四時教。

（三）僧柔、慧次、智藏、法雲諸師立五時教，同於慧觀法師。

江北的七家則為：

（一）晉武都山隱士劉虬，立人天（五戒十善）、有相（三乘教）、無相（空宗之般若）、同歸《法華》、常住《涅槃》的五時教。

（二）菩提流支，立半字（小乘）、滿字（大乘）等二教。

（三）光統律師，立因緣宗（毘曇）、假名宗（《成實論》）、誑相宗（《大品般若》及三論）、常宗（《涅槃經》、《華嚴經》），稱為四宗教。

（四）護身寺的自軌法師立五宗：因緣、假名、不真、真實（《涅槃經》）、法界（《華嚴經》）。

（五）耆闍寺安廩立因緣、假名、誑相、常宗（《華嚴經》）、真宗（《法華經》）、圓宗（《大集經》），稱為六宗教。

（六）有北地禪師立有相及無相的二種大乘教。

（七）有北方的禪師說一音教。此與鳩摩羅什所說的「以一音演說法」不同，乃指如來一音，大小並陳。

南北朝時代的判教風氣亦頗盛，較知名的包括：一、梁之僧旻，在慧觀的有相教中，別出人天教；無相教中，加入《維摩》、《思益》等經。二、濟法師立四時教：第一時《阿含經》，第二時《般若》、《維摩》、《思益》、《法鼓》、《楞伽》等經，第三時《法華經》，第四時《涅槃經》。三、梁朝光宅寺法雲，依《法華經》，立羊車、鹿車、牛車、大白牛車四乘。

然而，天台宗之前的任何一家判教，都不能做到總持佛法，難免相傾相奪。諸多修習不同教法的集團間時有辯論，這算是較平和的交流；或有甚者，如智者大師之受業師父慧思禪師，便曾遭到誣謗乃至毒害。

直言之，除了為窮究諸法實相的佛法論辯外，非理性的自讚毀他，早已犯菩薩戒！

智者大師年少時歷經戰亂親亡、離鄉顛沛，出家後又歷經朝代興替的動盪無常。此外。如同前面所述，當權者須藉佛教安定人心；佛教在相當程度上亦須接受統治者的「管理」，以利穩定傳布。智者大師也須斟酌時勢，勉與當權者周旋，以保全佛教、宣揚佛法，實為苦心孤詣。

更重要的是，智者大師定慧雙修，以甚深之止觀工夫與慧解，開顯法華之圓妙；更以法華一乘之究竟佛法，統攝大小乘諸般義理，創建天台一宗，終讓來自印度的佛教於漢地深耕五百年之後，綻放妙法蓮華！

第一章　誓為沙門

歎榮會之難久，痛凋離之易及。於長沙像前發弘大願，誓作沙門，荷負正法為己重任。

話說，「智者」大師此一稱譽的由來，是一個中國歷史上的有名「暴君」所贈授的呢！

「智者」大師之法名為「智顗」；智顗禪師（「禪修」之禪而非「禪宗」之禪）為隋朝的晉王楊廣授菩薩戒，楊廣則授贈禪師「智者」之稱號。

晉王楊廣為何人？他便是之後的「一代暴君」隋煬帝是也！

古代帝王、諸侯、卿大夫、高官大臣等死後，朝廷會根據他們的生平行為給予稱號，以褒貶善惡，便稱為謚或謚號。「煬」之一字，便是楊廣崩殂、改朝換代後，由唐高祖所給的謚號。「煬」在《謚法》中的解釋是表示昏庸殘暴、荒淫無道：

好內（貪戀妻妾）遠禮曰煬；去禮遠眾曰煬；好內怠政曰煬；肆行勞神曰煬；去禮遠正曰煬；逆天虐民曰煬。

如此看來，由「一代暴君」隋煬帝所封贈的「智者」二字，豈不是某種對一代佛教大師的侮辱？又，難道智者大師看不出其「無道」？如此豈非「不智」？

真的是如此嗎？讓我們繼續看下去……

世間動盪

中國南北朝時期的南方梁朝（西元五〇二至五五七年），在荊州華容（今日湖北省荊州市所轄的公安縣，有些資料誤植為湖南省岳陽市的華容縣）地方，有一戶姓「陳」的官宦人家，主人名為陳起祖。其祖籍在潁川（現今河南許昌市、長葛市一帶）；先祖因「晉朝避亂」，才遷徙到荊州華容來。

「晉朝避亂」是怎麼回事呢？

經由《三國演義》的小說、漫畫、戲劇、電玩等媒介強力放送，許多人對於魏、蜀、吳「三國鼎立」的故事都已耳熟能詳。總之，三國曹魏的部將司馬炎要求曹魏最後一任皇帝曹奐禪讓，新的國號便稱為「晉」——史稱西晉，首都設於洛陽。西元二八〇年，西晉滅了東吳，整個中原又歸於一統。

不過，大一統的局面維持不了多久，西晉第二任皇帝惠帝司馬衷即位的第二年（二九一年），皇族們對爭奪政權而爆發了「八王之亂」；從西元二九一年至三一一年，歷時二十一年，把中原重新帶入了苦難的戰亂分裂時代。

西晉王朝因為八王之亂而內部紛亂不已，北方的匈奴、羯、鮮卑等所謂的五胡異族趁機相繼興起，並侵擾西晉國土，亦即「五胡亂華」；西晉的第三任皇帝司馬熾，就是被當時匈奴建立的漢趙帝國所俘。

司馬熾的姪兒、十四歲的司馬鄴成為皇太子，從洛陽逃到了長安。但長安和洛陽一樣動盪；這個數百年來一直十分繁榮的大城，當時只剩下九十餘戶窮苦人家和四輛牛車。西元三一六年，漢趙的劉曜兵圍長安，糧草缺乏到「人相食，死者太半」的慘況。因此，晉湣帝司馬鄴只當了四年皇帝，便乘著羊車、打著赤膊、口銜玉璧投降，西晉滅亡。

西元三一七年，司馬鄴的堂叔瑯琊王司馬睿在建康宣布即位，是為「東晉」。過去曾經是中國政治、文化、經濟中心的華北黃河流域，進入了由多個異族輪番統治、戰亂頻仍的「五胡十六國」時代。被五胡追逐的一部分漢民族，便背井離鄉，大部分向長江流域移動，並大舉移居江南。

「晉朝避亂」，就是發生在這般戰亂不息、百姓流離的背景之下。

被「誤解」的晉惠帝

西晉惠帝時，天下荒亂，百姓餓死者眾。惠帝司馬衷覺得奇怪（或者說，為其子民想到了辦法），便說：「何不食肉糜？」（為何不吃碎肉粥呢？）

從此，「何不食肉糜？」這句話，便用來譏諷不知百姓疾苦之在上位者的語詞，晉惠帝也理所當然地被視為昏君的代表。明末清初思想家王夫之（船山）便如此評價晉惠帝：「惠帝之愚，古今無四，國因以亡。」

不過，我們也應理解，晉惠帝長期居於深宮，又被外戚與權臣操弄，自然「不知民間疾苦」；對於錦衣肉食的他而言，碎肉粥實是相當粗糙的食物。因此，以惠帝對世情的瞭解程度，實在與他的成長環境密不可分，並不能說明他的「昏昧」；「亡國」也跟他不解民間疾苦沒多大關係，而是諸王弄權。僅由「何不食肉糜」這句話來判斷其為人，似有失公允；更何況，這句話是史官從別人口中「聽來的」。

以下再舉他說的一句話為例吧！

晉朝司馬一族相互爭鬥，苦了天下百姓。某次，司馬越舉兵討伐司馬穎，帶著晉惠帝親征。討伐軍兵敗，惠帝面部受傷，身中三箭，百官及侍衛莫不潰散，唯有侍中（皇帝之侍從及顧問）嵇紹以身捍衛。當敵軍來到皇帝馬車前時，飛箭雨集，嵇紹便在惠帝身側被殺，血濺惠帝御服，惠帝為他的死悲痛不已。等到戰事平息，侍從要清洗他那身被濺到血的御衣，惠帝卻說：「此嵇侍中血，勿去。」（《晉書．嵇紹傳》）

宋朝忠臣文天祥〈正氣歌〉中的「為嵇侍中血」一句，即歌詠此事。

現在，您想像中的晉惠帝又是怎樣的形象？

法國大革命中被送上斷頭臺的法國皇后瑪莉・安東涅瓦特（Marie Antoinette）也遭到同樣的「誤解」。

據說，當大臣告知瑪麗：「百姓沒麵包可吃而餓死。」瑪麗說：「何不吃蛋糕呢？」然而，歷史上瑪麗可沒有說過這句話，應是後人將憤慨宣洩在這位熱衷打扮的王后身上，起源可能是農民或有意激發民怨者的編造。

或許，同理可證。

降世祥兆

西元四二〇年，正如司馬炎篡曹魏建立晉朝，其子孫亦遭受相同的「報應」：權臣劉裕要晉恭帝禪讓帝位，東晉滅，建國號為「宋」，是為「南朝」

（與北方非漢族統治的「北朝」相對立）的開始。

南朝經歷宋、齊、梁、陳四個朝代，這些國家皆建都於建康（今南京），只有梁朝時曾遷都；這四朝與之前同樣建都於建康的孫吳和東晉合稱「六朝」。

到陳起祖這一代，其祖輩移居荊州華容已經有二百多年了。他在梁元帝蕭繹麾下當過「散騎常侍」（皇帝之侍從及顧問），並受封益陽侯。就官銜來看，其地位不低。

他的妻子俗姓徐，溫厚善良，對人恭謹有禮節，生活節儉，而且吃齋持戒，亦即徐氏應是信奉佛法的。

生下長子多年後，徐氏又懷了次子。在懷孕之前，徐氏曾夢到兩種瑞相。第一是「夢香煙五采，縈回入懷」。五采，意指青、黃、赤、白、黑五色，古代以五色為正色。徐氏夢到香煙縈繞時，原本想把它拂掉；這時聽到有人告訴她：「宿世因緣，寄託王道，福德自至，何以去之？」徐氏聽到這樣的話語，才沒有把它拂去，因而「入懷」。

第二個瑞相是「夢吞白鼠」，這樣的情況不止出現一次，而是「如是再三」。徐氏覺得奇怪，便去請教占卜師；占卜師說：「妳所夢到的白鼠乃是白龍所化。」

懷胎十月之後，陳起祖次子降生的那個晚上，神異的光芒從屋子裡發出來。此時為梁武帝大同四年，戊午年，西元五三八年。

周圍的鄰居看見了以後，以為陳起祖家裡著火了，紛紛趕過來救火，到了以後才知道是生下了一個兒子。大家一開始都感到十分驚奇詫異，知道陳家喜獲麟兒之後，便為陳家歡喜，於是開始布置烹煮用的鼎俎，準備慶祝的喜筵。然而，生火時怎麼也生不起來，所燒的水自然也是冷的。

看到這樣奇特的狀況，眾人想起之前徐氏所做的夢，便說：原來是「王道」來了啊！於是，這個新生兒的乳名就叫「王道」；又因他出生時光芒滿室，因此大家也叫他「光道」。

第二天早上，有兩位僧人來敲門說：「這個小兒是道德之所積聚，長大以後必定會出家修道。」說完後就不見了。

據說，光道的「眉分八采」、「目耀重童（瞳）」。依史書所載，堯帝也是「眉有八采」，舜帝以及「西楚霸王」項羽則皆為「重童」。因為這兩種面相都是古代帝王之相，所以光道的父母便將他的這些特徵加以掩飾、隱藏，不輕易讓人見到。在亂世中，這也是某種保身的舉措。

依相法而言，「重童」便是眼中有兩個瞳仁（瞳孔），此點尚無疑義。至於「眉分八采」，當代譯文多將其理解為「八種顏色」，這便有些「望文生義」了。

傳說為清代重臣曾國藩所著之相書《冰鑑》中的〈鬚眉鑑．論眉〉言：「眉尚彩；彩者，杪處反光也；貴人有三層彩……」也就是說，眉毛須有光彩為佳；所謂的光彩，就是眉梢所閃現的亮光。富貴之人，其眉毛更是根、中、梢處共有三層光彩；眉彩有三層者已屬罕見，堯帝及光道的眉相竟有八層，實屬鳳毛麟角、聖賢至極了。

不僅面有聖賢之異相，光道尚在襁褓時，行止便有異於其他幼兒：當他睡覺的時候，必定合掌而臥；而當他能夠坐的時候，則必定面向西方。（「面向西方」這點，往往被解讀為與「西方淨土」有關的預示。）

他七歲時就喜愛到寺院裡去，對僧侶執禮甚恭；一些僧人便教他念誦《法華經．普門品》，沒想到他讀一遍就會背誦了。或許是擔心他離俗出家，父母就不讓他再去寺院。他原本為尚未通曉的其他文句感到惆悵，後來卻能無師自通，且無缺漏。鄉里知者莫不驚歎：如果不是宿植德本，哪裡能夠如此？

這些祥兆以及對於佛教的親近，似乎都在預示著「光道」與中國佛教的甚深因緣……

佛前立誓

戰亂並未因晉朝結束而告終；南北朝依舊是相互傾軋、戰禍紛紜的時代。中原南方歷經宋（因是劉裕建立，故又稱「劉宋」）與齊（為蕭道成所建，故又稱「蕭齊」）兩朝之後，蕭齊宗室蕭衍迫齊和帝禪位，建立「梁」朝（或稱南梁），是為梁武帝。

梁武帝蕭衍於代齊即位後厲行儉約，令南梁前期國勢頗盛。然而，武帝虔信佛教，曾三次出家為僧，令朝臣須用大量金錢為他贖身；他又大建佛寺及翻譯佛經，令佛教大盛。由於佛事太過損害經濟，令梁朝國勢開始衰弱。

其後東魏叛將侯景投降，武帝本欲借侯景之力北伐。侯景見南梁國勢衰弱，加上武帝出賣自己，遂有反叛之意，終於爆發侯景之亂，武帝最後被侯景囚禁餓死。這場亂事亦是梁朝滅亡的關鍵。

先祖因晉朝動盪而遠離故居；兩百多年後，光道於十七歲時（西元五五四年），也遭遇與先祖同樣的戰亂。

西元五五二年，當時的湘東王蕭繹派遣大將王僧辯平定侯景之亂；就在這一年的十一月，蕭繹稱帝於江陵（今湖北省江凌縣），是為梁元帝。然而，戰亂尚未結束。五五四年，投靠西魏的梁朝舊將蕭詧引領西魏大軍大舉南下；沒幾天功夫，江陵城破，蕭繹出降。

江陵城破以後，梁朝的百官、貴族和一般平民成了俘虜，西魏便挑選了百姓男女數萬口，分為奴婢，趕入長安城裡，剩下的弱小者「皆殺之」（《梁書・元帝紀》），倖免者僅有數百家族。

光道一家這次雖然未成俘虜，但喪失了所有的地位和財產，不得不和父母親到處遷徙，難以安定生活。

經過孝元之敗，光道不禁有所感慨：「歎榮會之難久，痛凋離之易及」；於是，他在「長沙佛像」前，發出世心、立弘大願：日後一定要出家為沙門（Śramaṇa，原泛稱出家修行者，此處則指佛教僧侶），以荷負佛法為己任！

「長沙佛像」在哪裡？

常被混淆的是，此處的「長沙佛像」，並非指位於今日湖南長沙市的佛像，而是湖北江陵縣「長沙寺」的佛像。

晉代長沙太守騰含，在荊州的江陵欲捨宅為寺，請求當時的高僧道安法師推薦一位僧人前去主持改造建寺，道安法師就讓弟子曇翼前往建構寺宇，此即長沙寺。

寺院造好以後，卻沒有合適的佛像，曇翼為此感嘆：「寺院已經建好了，亦頗多僧人修行，卻沒有合適的佛像，實在令人感到遺憾。我聽說過去阿育王所造的佛像頗為神瑞，而且隱藏分布在幾個地方，眾生若有機緣，它就會自然湧現。我們這裡難道不能招來佛像嗎？」於是他誠心祝禱，請求能夠感應。

在東晉孝武帝太元十九年（三九四）二月八日，在江陵城的北面忽然有五色光芒出現，就在有光的地方出現一尊金佛，在佛像上還有梵書「阿育王造」的字樣。

其他寺院的僧眾先往迎接，但不管用多少人去抬，都無法抬動。曇翼於是前往作禮，對眾人說：「這應是阿育王的佛像降臨我長沙寺。」即令弟子三人捧接，竟飄然而起，便迎還長沙寺。此即長沙寺佛像的由來。相傳其靈瑞甚多。

光道白天在長沙佛像前發願，晚上就夢到此像伸金色之手，從窗戶進入，撫摩其頭頂表示鼓勵。從此以後，光道就深切「觀三界如火宅」地要出離煩惱之家，一心想求出家修道。

然而，光道雖然發心想出家修道，但雙親出於關愛之情，並未允許。從疼愛孩子的雙親來看，一定認為於亂世時出家求道之路相當艱難；此外，或許也有儒家「不孝有三，無後為大」的觀念牽掛其中。據《四分律行事鈔資持記·

卷十六》，出家有「十八難行」，第一難行即為「父母是孝戀難遣」。

光道沒有得到父母親允許，只好暫時不提此事，但從未鬆懈向佛之心，睡覺及吃飯時亦覺不安。於是，他用檀香木雕刻佛像，並且披閱藏經、尋讀經文，日夜禮拜誦讀，念念相續不斷。

某一次在拜佛的時候，光道忽感恍惚，有如夢境：他看見有一座高山面臨大海，同時看到山頂上有一位僧人正在向他招手；相會之後，瞬間便到了山麓，進入一座寺院中，他看到自己所造的佛像就在裡面。

面對此境，光道不禁生起悲心，流著淚道出他的誓願：「我願意學得三世諸佛的一切佛法，將來既使遇到像『千部論師』世親菩薩那樣博學善辯之人，我也能對之說法、無有障礙，以報答父母和世間的種種恩德。」

那位僧人便指著佛像對光道說：「你以後會住在這裡，也會圓寂在這裡。」

這個夢境，光道直到三十八歲時，才恍然大悟。

就在十七歲這一年（西元五五四年），他的父母親相繼去世了。

千部論師——世親菩薩

世親菩薩（Vasubandhu），舊曰「天親」，音譯為婆藪盤豆、筏蘇盤豆、婆藪槃陀等。為四世紀時的瑜伽行唯識學派論師，無著（Asanga）菩薩之弟，大約在佛滅九百年左右出生於北印度犍馱羅國。

世親一開始在小乘的說一切有部出家，受持小乘三藏，造五百部小乘論，其中最膾炙人口的就是《俱舍論》，並稱「大乘非佛說」。後來受到其兄無著的苦心勸告，終於回小向大。

他十分後悔自己以前的所作所為，想割舌懺悔。這時無著菩薩勸止說：「昔以舌毀，今以舌贊，豈不善乎？」

於是，世親菩薩造論五百部，包括《唯識三十頌》、《大乘成業論》等，主要為弘揚唯識論，以贊頌大乘，時人譽為「千部論主」。

修習「法華三部」

父母去世後第二年，十八歲的光道深感世間動盪、至親死別之無常，便辭別已在朝為官的兄長陳鍼，決意實現當年之誓言。陳鍼當然相當不捨；但是，如光道所言，世間無常：「欲報恩酬德，當謀道為先，唐聚何益？」

光道先前往湘州（今湖北省大悟縣和黃陂、黃岡縣一帶），投靠駐守湘州的王琳；因為光道是自己的舊交陳侯之子，王琳便資助供給修道所須的衣物、法器等。

光道就在湘州果願寺師從法緒法師出家，成為沙彌。法緒法師授予光道法名「智顗」（音同「以」，其義為「靜」）、表字「德安」。

依古代禮法，法名是只有自己的師父、長輩或受戒時壇上十師才能稱呼的；所以，法名在受戒之後就很少使用了，同輩之間一般只能以字相稱。以下行文，便謹用「顗師」述之。

顗師二十歲時（西元五五七年）受具足戒，正式成為沙門。這一年，梁朝滅、陳朝立。

蕭繹投降後，其手下大將王僧辯遠在建康，還擁有大軍，拒絕承認蕭詧這個傀儡皇帝。此時，在北朝方面，剛奪取東魏政權的北齊，抓住機會派遣大軍，把俘虜已經八年之久的蕭淵明送回，要求繼承帝位。蕭淵明是開國皇帝蕭衍之兄的兒子，在血統上原本沒有繼承帝位的可能；但護送他的北齊軍團，一連幾場勝仗，彌補了這個缺點，王僧辯只好接受。

可是，蕭淵明的皇帝只當了四個月，王僧辯的部將陳霸先兵變，殺掉王僧辯，把蕭淵明逐下寶座，擁立蕭繹的兒子蕭方智繼位。

然而，到了五五七年，已經掌握實權的陳霸先，命蕭方智禪讓；禪讓之後又把蕭方智殺掉，改國號為陳，是為南陳。

顗師成為沙門後，便跟隨慧曠律師學律，還研習各種大乘經典。慧曠律師十二歲出家，「發明幽旨，頗超群輩」，後來又師事真諦大師，學習《攝大乘論》、《金光明經》等經論，「累載弘道」，可見其學養頗高。

應是修學期間，顗師曾到衡州南境大賢山誦讀「法華三部經」——《法華經》、《無量義經》、《普賢觀經》，經過二十天時間，就完全熟誦及通達了。

此外，顗師並修習方等懺法。而當他在修習方等懺法時，曾有殊勝的瑞相出現在眼前：只見有一座寺院寬廣宏敞，非常清靜莊嚴，但是各種經典縱橫紛陳、相當複雜。

這是暗喻當時大小乘經論義理紛陳、修習者無所適從的情況。因為，佛陀在世的時候，並沒有劃分說法的時間次序和教理淺深，而是隨類設教，因此大小乘或顯密經典並無固定不變的次序；再加上中國於翻譯經論的時候，也並未按照其成立的次第傳譯，各經典的義理之間似乎有相互矛盾之處，以致初學者不容易理解。又由於修學者研習的重點各有所偏，難免尊己非他，並未對整個佛法有一宏觀的統攝，也就無法明瞭佛陀某些說法的真實意旨，因此各種經典「縱橫紛雜」。

這種情況下，顗師卻見自己坐在高座上，腳踩著繩床，同時念誦著《法華經》經文，雙手則整理、擺正那些經像。

經歷這樣的瑞相（或境界）之後，顗師的心境便常處清淨。

這則是比喻，顗師將以《法華經》的旨趣與義理作為統整諸經義理的綱維，對釋尊所說的教法進行遍觀，分別加以區判，使之各有相應位置，這就是「教相判釋」。

受學於慧曠律師不久，顗師便就已精通律藏，並十分好樂禪法；然而，整個衡州地區「有諸法師禪慧不兼」，沒有能夠進一步請教的高僧大德，他為此頗為悵然。

也就是在這樣的處境下，讓他生起尋師訪道的決心；也因為這樣的機緣，而拜入慧思大師門下。

第二章　「重逢」慧思

思曰：「昔日靈山同聽《法華》，宿緣所追，今復來矣。」即示普賢道場，為說「四安樂行」。

南北朝時期，因國家的分裂而形成了南北社會不同的風氣和文化，南北兩地的佛教也有著自己的特點。南方佛教承東晉以來玄學化的傳統、偏重義理；至於北方佛教，由於受當時北方民族質樸、重實用性的影響，比較注重禪定。

慧思禪師曾從慧文禪師學法，成為一名禪定和義理並重的高僧。後來，慧思為糅和南北佛教，率領徒眾南下，在光州的大蘇山暫時住下來傳法。

顗師二十三歲時（五六〇年），他聽聞北方光州大蘇山慧思禪師的名望，就前往請益求教。

靈山因緣

慧思禪師是西元五五四年先到光州（今河南光山縣）開嶽寺，而於五五五年到達大蘇山，至五六〇年時已在大蘇山六年了。

當時的光州位於北齊和南陳的邊界，兩國衝突不斷，是極其危險的戰亂地區；然而，顗師還是抱持輕生重法、「朝聞道，夕死可矣」的精神，涉險前往。他穿過危險的境地，終於見到了慧思禪師。

慧思禪師一見顗師就說：「過去我們曾一同參與釋尊在靈鷲山宣說《法華經》的法會；你涉險來到這裡，我們又得以重逢了。」

靈鷲山，梵名 Gṛdhrakūṭa，中譯為鷲峰山、耆闍崛山，因山形似鷲，且山上鷲鳥又多之故，又可意譯為靈山，位於古印度王舍城西。考古學家推定其位置在今貝哈爾州（Behar）、拉查基爾（Rajgir）東南之塞拉吉里（Śaila-giri）。釋迦牟尼佛曾在此開示佛法，包括《妙法蓮華經》、《無量壽經》、《觀無量壽經》、《般若經》，及一部分《阿含經》等。佛涅槃後，弟子們在此山下的王舍城舉行第一次集結。

據已失佚的〈荊州碑〉（部分收於《隋顗師別傳集注》）所載，則是待顗師開悟之後，慧思禪師才對顗師說昔日曾同於法華會上聆聽〈勸發品〉一事；顗師隨即如大夢覺醒，「了見三世如視諸掌，六通三明悉皆圓證」。

不論如何，總之師徒一見如故，如過去世因緣深植。慧思禪師隨即根據《法華經．普賢菩薩勸發品》（或言《觀普賢菩薩行法經》），為顗師開示普賢道場——亦即「有相安樂行」，以及依〈安樂行品〉宣說「四安樂行」，此即無相安樂行。

何謂「安樂行」？

修習法華三昧的方法有兩種，第一是有相安樂行，第二是無相安樂行。據慧思大師的《法華經安樂行義》所載，於一切法中，心安住不動，稱為「安」；不受五陰煩惱之束縛，稱為「樂」；身心安樂而自行化他，稱為「行」。

一、有相安樂行

這是主要根據《法華經・普賢菩薩勸發品》而立，所以在此又被稱為「普賢道場」。一般認為，「理觀」為無相安樂行，「事誦」則為有相安樂行；如《法華經安樂行義・卷一》云：

> 復次有相行，此是《普賢勸發品》中，誦《法華經》，散心精進。如是等人不修禪定，不入三昧，若坐、若立、若行，一心專念《法華》文字，精進不臥，如救頭然，是名文字有相行。

須注意的是，此處所謂「散心」是指不入禪定而言，但仍舊是沒有雜念地專心誦經，並非是指一邊誦經、一邊還做著其他事。因此，所謂的「散心精進」有隨文入觀、「如救頭然」的意思在內。可見要做到這一點也不容易，但仍比深入禪定來得容易。

因此，在誦經時要專心一意地誦，身心融入，就好像是在靈山會上佛陀親自為我們宣說一般。如果「行者不顧身命，若行成就，即見普賢金剛色身乘六牙象王住其人前」、「復見十方三世諸佛」，乃至於「立得三種陀羅尼門」！

二、無相安樂行

這是依據《法華經・安樂行品》而立，亦即「四安樂行」。

（一）身安樂行

謂身應當遠離十種之事：一遠離豪勢；二遠離邪人邪法；三遠離凶險嬉戲；四遠離旃陀羅（印度賤民，工作常為劊子手及屠夫）；

五遠離二乘眾；六遠離欲想；七遠離五種不男之人；八遠離危害之處；九遠離譏嫌之事；十遠離畜養年少之弟子沙彌小兒。既遠離已，常好坐禪，修攝其心，是名身安樂行。

（二）口安樂行

謂口應遠離四種語：一不樂說人及經典過；二不輕慢他人；三不贊他，亦不毀他；四不生怨嫌之心。善修如是安樂行故，是名口安樂行。

（三）意安樂行

謂在意念上應棄除四惡：一不嫉諂；二不輕罵，謂不應以大行而呵罵小行之人；三不惱亂；四不諍競，為一切眾生平等說法，是名意安樂行。

（四）誓願安樂行

謂由眾生不聞不知不覺，於是起慈悲心，誓願為說，如經云：

「我得阿耨多羅三藐三菩提時，隨在何地，以神通力、智慧力，引之令得住是法中」，是名誓願安樂行。

《安樂行義》中對此四安樂行另有其他名稱：

第一名為正慧離著安樂行；第二名為無輕讚毀安樂行，亦名轉諸聲聞令得佛智安樂行；第三名為無惱平等安樂行，亦名敬善知識安樂行；第四名為慈悲接引安樂行，亦名夢中具足成就神通智慧佛道涅槃安樂行。

此四安樂行被歸於「無相行」。何謂「無相行」？《安樂行義》釋道：

無相行者，即是安樂行；一切諸法中，心相寂滅，畢竟不生，故名為無相行也。常在一切深妙禪定，行住坐臥，飲食語言，一切威儀心常定故。……不依止欲界，不住色、無色，行如是禪定，是菩薩遍行，畢竟無心想，故名無想行。

由上所述可知，無相安樂行是內在的修法：修習止觀，以入於心相寂滅、畢竟不生的禪定三昧之中。有相安樂行則不入於禪定，以一心誦念《法華經》為修行。此二者乃殊途同歸的修法，只要精進勤修而不懈怠，則不論無相、有相，都能夠得見普賢上妙之身。

「大蘇妙悟」

在慧思大師的教導下，顗師修學時「如救頭然」——像是要滅去頭上燃起的火——般地迫切，至誠地念念無間、發菩提心，如實地按照慧思大師所教誨的教義理論來窮究其心。

在那個時代，物資艱難，吃飯都成問題，何況燒香點燈？於是，他就切略有香氣的柏木代香；先燒柏木，柏木用盡後又續上栗木根。由於點不起油燈，只好把簾子捲起，讓月光透進來，藉此讀書誦經。沒有月亮的時候，就只能燒多油的老松所製的松明了。

經過了十四天的時間，當誦《法華經．藥王菩薩本事品第二十三》中的「是真精進，是名真法供養如來」時，身心豁然開朗，心無雜念地入定，此即「持因靜發」——智慧因為禪定而顯發出來。

據說，顗師乃是藥王菩薩乘願而來娑婆，因此才會誦至此品時豁然開悟。

藥王菩薩（梵語 Bhaiṣajyarāja），後號「淨眼如來」。其賜與人良藥，救治眾生身、心兩種病苦的菩薩，乃二十五大菩薩之一。另有藥上菩薩，號「淨藏如來」，原為藥王菩薩之弟。藥王、藥上兩菩薩，常作為藥師如來的兩脅侍一併供奉（另說為「日光菩薩」、「月光菩薩」）。

或許正因顗師在過去世已經熏習了無量無邊的佛法，此世又接上了過去世的修行，所以對於智慧有了總持之力。

顗師因定發慧以後，對於《法華經》的深奧意旨全都徹照明了，就像午時的陽光，連幽深山谷也能徹照；其對諸法實相之通達，就好似大風在虛空中吹拂一樣，毫無障礙。

顗師的一生示現有兩次開悟，第一次便是在大蘇山的「大蘇妙悟」。

顗師將自己所證的境界稟告慧思大師，慧思大師更進一步地為他開示演說經中妙義。因此，凡是他自己內心所領悟到的和師父所傳授的，經過了四天四夜的加功進取，其功效和成就超過了別人修行一百年的時間。

慧思大師語帶鼓勵地讚歎：「這種境界，如果不是你，別人是無法輕易證到的；如果沒有我，其他人也並難以判別。」慧思大師還為他指出了所入的定境和所發的慧解：智慧依禪定而發，當發「初旋陀羅尼」時，就能夠於一心中頓時體證空假中三諦圓融：一切的世間法轉為佛法，一切的煩惱法向於菩提，一切的聞思修都能向於解脫。旋轉一切的惡法、染法為淨法，這就是依法華三昧前方便而發的「初旋陀羅尼」。

何謂「旋陀羅尼」？

顗師所發的慧解「旋陀羅尼」，在「三陀羅尼」中屬於第一個陀羅尼。

陀羅尼（dhāraṇī），意為「真言」、「總持」，即總一切法、持無量義，也就是能掌握一切法的總綱之意。

「三陀羅尼」則出自《法華經．普賢菩薩勸發品》：

爾時受持讀誦法華經者，得見我身，甚大歡喜，轉複精進。以見我故，即得三昧及陀羅尼，名為旋陀羅尼、百千萬億旋陀羅尼、法音方便陀羅尼，得如是等陀羅尼。

此三個陀羅尼依天台教法，可以配於三諦、三觀而解，如《法華文句．卷十》云：

陀羅尼旋假入空也；百千旋者，旋空出假也；方便者，二為方便道，得入中道第一義諦也。

（一）旋陀羅尼：旋，旋轉之義。旋轉凡夫執著有相差別的假，令入平等的空，成為一空一切空之「從假入空」的「空持」。

（二）百千萬億旋陀羅尼：旋轉平等的空而出於假，通達百千萬億法，成為一假一切假之「從空出假」的「假持」。

（三）法音方便陀羅尼：以空假二者為方便，入於絕待的中道，成為一中一切中之「中道第一義諦」的「中持」。

旋陀羅尼為三陀羅尼之初步，故又稱為「初旋陀羅尼」或「一旋陀羅尼」。

如同佛陀弟子富樓那尊者被譽為「說法第一」，慧思大師也同樣印證顗師「於說法人中，最為第一」；並說，即使有千萬個專精於經文的法師來找顗師辯論，因他們執著於文字上的學問，而無真修實行，因此不可能勝過顗師對義理之通透無礙。

慧思大師此語不僅是讚歎，亦是對顗師之期許。

「說法第一」的富樓那

富樓那（Pūrna），全名富樓那彌多羅尼子（Purna Maitrayani-putra），簡稱為邠耨、富妻那、富剌拏、彌多羅尼子，意譯為滿慈子、滿祝子、滿願子，為釋迦牟尼佛十大弟子之一。

佛最初成道時，於鹿野苑轉法輪；富樓那聽聞佛陀已證道，至佛所在處，求出家受具足戒，後證得阿羅漢果。以其長於辯才，善於分別義理，後專事演法教化；因聞其說法而解脫得度者，多達九萬九千人，故被譽為「說法第一」。

富樓那亦是真修忍辱者。他想要將佛法傳播到西方輸盧那國，但聽說那個地方的人民驃悍粗暴，他仍然不懼被罵、被打、被殺之險，因此佛陀讚歎他是「善學忍辱」者。

《法華經・五百弟子授記品》記載，佛陀授記他未來成佛，號「法明如來」。

說法祛魔

顗師證悟之後，某日得遇一印證其「說法第一」的機緣。

當時有一位知名的慧邈禪師，常自誇自己弘揚教義，毫無怖畏，好像獅子一吼，百獸降伏一樣，而別人說法就像如狐似狼的野干在叫。

所謂「獅子吼」，是佛陀及其弟子用來降服外道的一種說法方式，如《長阿含經》記載：「如來與大眾中廣說法時，自在無畏，故號師子」；另一說法為，比喻佛陀成道後可以回答任何提問的能力。

慧遨禪師或許只是自高輕他；然而，心眼未開的人，往往容易受其誘惑，夭傷慧命。於是，當他前來問難時，顗師便廣引經論與他考核論辯，慧遨禪師為之理屈詞窮。

論辯後的那個夜晚，顗師夢到自己坐在三層樓閣之上，慧遨則站在下首；同時，在慧遨的旁邊好像有一個「人」正在瞪眼發怒，這個「人」似乎是伴隨在慧遨身上的某種附體。

那個附體說：「你為什麼要輕視慧遨？你為什麼要懷疑他所說的法？若有什麼問難，你現在就可以問我！」

於是，顗師設立數條問難，那個發怒的附體馬上就張口結舌、無法回答。顗師因此告誡他：「除諸法實相，餘皆魔事。」此語出自《大智度論．卷五》，原文為：「除諸法實相，餘殘一切法盡名為魔。」

告誡後，慧邈及附體便消散不見了。

第二天早上，顗師向慧思大師報告此事。慧思說：「你於白天折服其輕慢，夜晚又驅除了其惡黨，此乃『邪不干正』，佛法本應如此。」

因其不懈的努力，顗師在很短的時間裡，便在慧解方面成了慧思大師的第一弟子，已能代師講經了。

慧思大師對《大品般若經》相當重視。《大品般若經》（Pañcaviṃśatisāhasrikā Prajñāpāramitā），又稱《二萬五千頌般若》、《摩訶般若波羅蜜經》、《摩訶般若經》、《大品經》，共二十七卷，為鳩摩羅什所譯，《大智度論》便是其注釋書，此經亦為天台宗思想的根據之一。

為此，慧思鄭重地造了一部金字《大品般若經》之後，慈命顗師代講；顗師只有「三三昧」和「三觀智」之深義需要請教師父，其他的都能夠自行稱理而說。

三三昧

三昧（Samādhi），亦音譯為「三摩地」、「三摩提」，意為「等持」、「正心行處」。眾生之心，從無始已來常不正直；若得三昧，則心行正直。

三三昧有多種，今依顗師《法界次第初門》略解如下：

一、有覺有觀三昧

粗思名「覺」，細思名「觀」，二者都能妨亂定心；因此，根據覺觀的有無，可以判定禪定功夫的淺深。在未到地定和色界初禪都有覺觀風動，現在以「空、無相、無作」相應心入於諸定，則一切覺、觀皆悉正直，故名有覺有觀三昧。

二、無覺有觀三昧

在初禪之後、二禪之前，有一個中間定；此時覺知之心已無，而分別禪味之念猶在。現在以「空、無相、無作」相應心入此中間定，則一切定觀皆悉正直，故名無覺有觀三昧。

三、無覺無觀三昧

在二禪以上，乃至滅受想定時，覺知之心、分別禪味之念俱亡；以「空、無相、無作」相應心入此無覺無觀，皆令正直，故名無覺無觀三昧。

此三三昧一一皆以「空、無相、無作相應之心」為能修，能致涅槃；因此，在因名三昧，在果名解脫。「空三昧」是觀察世間的一切法皆緣生不實；「無相三昧」是觀察一切形相皆虛妄假有；「無作三昧」或稱「無願三昧」，即觀一切法幻有，而無所願求。

至於「三觀智」，即「空、假、中」三觀之智。

顗師的另一位老師慧曠律師，曾來拜訪慧思禪師。慧思對他說：「您的好徒弟說法真不錯！」慧曠則謙虛地回答：「這是您所教出來的法子（傳法之子），並非貧僧所傳。」慧思又回覆：「這也並非貧僧之功，乃是《法華》之力啊！」

由於有顗師可代為傳法，慧思曾對著徒眾稱讚說：「所謂『法付法臣，法王無事』，已用不著我說法了！」欣慰之情溢於言表。

在《景德傳燈錄》則記載著，有老修行者令人轉告慧思禪師，為何不下山教化眾生，只是看著雲漢（意為天河，可喻宇宙）？慧思回答：「三世諸佛被我一口吞盡，哪裡還有眾生需要教化？」

「三世諸佛」可喻為慧思禪師所傳之法，亦可比喻其所傳之顗師；由此可見，顗師所證悟之佛法已受慧思禪師所認可與器重，由顗師教化眾生即可，毋須自身贅言。

因有顗師可令佛法大興，慧思禪師便對顗師說：「我一直以來就很想到南嶽衡山去，但遺憾的是自己所證得的法理沒有足以託付的弟子，現在你已經知道了進入佛法堂奧的修行途徑，應該去傳持法燈、教化眾生，不要作『最後斷種人』——末法時期的斷絕佛種之人，不要讓相傳之法門就此斷絕。」

由慧思禪師之囑咐，可以想見其對顗師之殷切期許與託付。

天台三祖慧思禪師

南嶽慧思（西元五一五至西元五七七年），南北朝時高僧；俗家姓李，河南上蔡人，世稱南嶽尊者、思大和尚或思禪師，為中國佛教天台宗第三代祖師（若以龍樹菩薩為初祖、慧文大師為二祖）。

自幼歸佛樂法，心向《法華》，曾持經入墳間讀誦，讀畢深受感動，對經涕泣；之後夢見普賢菩薩摩頂而去，頂上亦隆起肉髻。十五歲出家，後參河南慧文禪師，得授觀心之法。曾因慨嘆自己修行未有進境，放身倚壁，豁然大悟，深得法華三昧。

慧思禪師乃最早主張佛法之衰微即「末法時期」者，因而確立對阿彌陀佛與彌勒佛之信仰；既注重禪法之踐行，亦注重義理之推究，影響天台教法甚巨。

為了教授禪法，慧思著手從大、小乘經論中蒐集相關法門，加以貫穿解說。由於學子甚多，因而良莠混雜、時生是非。某些怨嫉之徒，竟欲下毒害他，所幸皆免於難；不少外道也企圖謀害，亦未能得逞。

某日，師對弟子們說：「佛陀在世時，也不免為流言所傷，何況我等無德之輩，怎能逃過此難？這些災難，是過去之業所致，時候一到，遂得報應，這是個人的小事；大事應是佛法不久當遭劫難，我等究竟該往何方，以避此難？」

當下聽聞空中有聲音說：「若欲修定，可往武當、南嶽（衡山）」，此乃入道之山。」師遂率眾弟子南下，效法前賢棲隱。

梁代承聖二年（西元五五三年），率眾再向南行，到了光州，次年入住大蘇山，在開嶽寺、觀邑寺講《大品般若經》，信眾日增，因此發願寫造金字《般若經》。四十四歲時（五五八），於光城縣齊光寺實現了寫金字經本並貯以寶函之願。他極重視這件事的完成，特撰〈立誓願文〉，敘述自己出家學道、習禪以及在各地遊化迭遭諸外道擾亂毒害，因而發心寫造金字經本的因緣，以及立誓修禪解脫法、得神通力、弘揚般若、廣度眾生的大願。

由於這篇〈立誓願文〉的流傳，更吸引了遠地信眾的歸仰；顗師就是在這時不避戰亂，遠至光州師事慧思禪師的。

慧思在光州遊化歷時十四年，於陳朝光大二年（五六八）帶了徒眾四十餘人前往湖南，入住南嶽，在當地繼續提倡修禪。南朝陳地信眾望風歸附，陳主迎他到陳都建業，住棲玄寺，講《大品般若》。他感慨於當時南地佛學界偏重理論、輕視禪觀，於是雙開定慧兩門，日間談理、夜間修禪，同時宣講禪波羅蜜；陳主尊他為大禪師，名動朝野。後又還住南嶽，繼續傳授禪法。

由於慧思長期持誦《法華》，有極深刻的信仰；他的中心思想雖屬《般若》，但更推崇《法華》，並認為從佛的教化輾轉增勝上看，《法華》之義要比《般若》更進一步。他稱《法華》為大乘頓覺、疾成佛道的法門，有如蓮花一般，一花而具眾果；利根菩薩一心一學，一時具足，非次第入。他曾命顗師代講《大品般若》，講到「一心具足萬行」處，慧思特別指示，《大品》所講還是次第義，《法華》才講圓頓義。對於顗師後來創立以《法華》為中心的天台宗學說，起了決定性的影響。

臨終時，大師從山頂上來到半山道場，集合弟子，連日說法，諄諄教誨，聞者莫不感動。師問眾人：「若有十人不惜身命，常修法華三昧、般舟三昧、念佛三昧、方等懺悔，常坐苦行者，一切所需，由我供給；若無如此之人，我即遠去。」

或因修苦行不易、或因認為自身無能力承擔，當下竟無人答應；師便屏眾斂念，泯然命盡。弟子靈辯見師已氣絕，不禁號啕大哭，師竟又睜眼說道：「我將離去，有很多佛菩薩來迎接我。至於我的受生處，不須亂猜，以免妨礙、擾亂我。」說完之後，又攝心靜坐。至入寂時，眾人皆聞異香滿屋；大師法體頭頂煖和，身體柔軟，臉色如常。

有一則關於慧思大師與日本佛教的傳聞。《唐大和尚東征傳》是研究鑑真大和上東渡最原始、最詳盡的史料，其中記載著鑑真在揚州大明寺講的一段話：「昔日，我聽說南嶽慧思禪師遷化後，托生為倭國王子，以興隆佛法。」這位倭國王子指的乃是聖德太子。

日本推古天皇時代（女天皇，西元五九三至六二八年在位），被稱為「上宮皇太子菩薩」的聖德太子，據說自稱為南嶽慧思禪師的轉世。至今，日本人仍視聖德太子為第一位讓佛法在日本興盛的菩薩；因此，日本佛教界也把南嶽視為他們的佛教源流所在。

依後人之整理，慧思大師對中國佛教的影響包括：

一、由於付法顗師，直接促成了天台宗的成立；

二、其教理與禪觀並重，令天台宗得以「教觀雙美」；

三、示現忍辱與苦行，為後世學者樹立楷模；

四、由於法華三昧的親證以及對《法華經》的提倡，使得後學對《法華經》的信仰和修持相續不絕；

五、將《法華經》的修持具體化、次第化（建立有相行和無相行修法）；

六、據傳，其撰寫了中國最早的《受菩薩戒儀》，提倡受持菩薩戒，影響後世深遠。

至於慧思大師在南嶽衡山創建的道場「般若寺」，唐朝懷讓禪師（禪宗六祖惠能門下）來到南嶽後，將般若寺作為禪宗道場，經由其弟子馬祖道一禪師傳法，令南宗祖師禪弘傳天下。北宋時，福嚴法師予以增修，改名為「福嚴寺」。現為佛教十大叢林之一。

第三章　金陵說法

先師善於將眾，調御得所。停瓦官八載，講《大智度論》，說《次第禪門》。

慧思大師於西元五六八年離開大蘇山入居南嶽，顗師則比師父提早一年離開。

在分離前慧思大師曾說：「汝與陳國有緣，往必利益。」慧思大師之所以讓顗師前往陳朝，除了顗師和陳朝有宿世因緣外（顗師本身乃陳朝人），也是為了佛法的弘揚，令法久住。

於是，三十歲的顗師和法喜等二十七人，便於陳廢帝光大元年（五六七）一起來到了陳朝國都金陵。

聲名漸隆

陳光大元年，也就是北周道士衛元嵩向北周武帝上書廢除佛教的同一年，顗師來到南方朝野賢達匯聚的都城——金陵，時稱「建康」。因為人地生疏，他暫時掛單在鐘山西坡的靈曜寺。

當時的金陵，佛教氛圍甚濃，寺院恢弘，所謂「南朝四百八十寺」，指的就是那時候。初到金陵的顗師，雖然沒能走訪全部寺宇，卻也走了不少。只是，知音難遇，令他的期待逐漸感到失落。

某一次因緣際會下，他前往參見當地有名的法濟禪師。

法濟禪師頗以其善於禪修自豪。見到一位年輕的和尚來訪，便倚臥在禪榻上，只是懶洋洋地問道，從哪裡來？叫什麼？顗師有禮地一一回答。

或許是知道顗師從學於慧思禪師，想掂掂他的斤兩，法濟禪師便說：「我問問你，有人入定，聽到建康北面六七里的攝山地動山搖，而知道是攝山止觀寺的僧詮法師在『練無常』。這是什麼禪境呢？」

攝山，即棲霞山，位於今江蘇南京東北，又稱聶山、攝嶺。山多產藥材，食之可以攝生，故稱攝山；又其形狀如傘，亦稱傘山。山麓有名剎棲霞寺。

僧詮，據說曾從僧朗受學「三論」，可說是三論宗吉藏大師的師祖。由於僧詮隱居攝山，駐止觀寺，因而有「山中師」、「止觀詮」等稱號。

「練無常」即修習「無常觀」，可見於《禪祕要經》。此經全稱《禪祕要法經》，三卷，後秦鳩摩羅什譯。經中所言的禪觀步驟很詳細，以不淨觀為基礎，教導修習者練心純一，得悟三界諸法皆是無常、苦、空、不淨，如是一一觀成，能斷見思二惑，即證阿羅漢果。在經中，佛陀一再強調應密行密語，不能向他人透露自身境界。

練無常觀時，到了一定境界，大地就會震動，如經中第十七觀「身念處觀」云：「得此觀時，四方自然生四黑象，黑象大吼。」其後又云：「象故挽樹，終不休息，地漸漸動。是時行者，地動之時，當觀此地，從空而有，非堅實法。」

顗師聽了法濟禪師的形容，毫不思索地回答：「此乃『邊定未深』——定境淺薄，偏邪之魔會趁隙而入。如果執取此境，或者將此境界告訴他人，定境及修為必然會毀壞、消散。」

顗師所說的「邊定」或指未到地定（欲界定）。所謂「依定發通」，神通多依色界定而發；修行者入色界定時，身體的地、水、火、風四大就能生起天眼通等神通；但在初禪前的未到地定中，一般還不能算是神通，只能說是靈明的感通而已。所以顗師稱其「邊定未深」。

法濟大吃一驚，站起來道歉：「我曾經證得過這種禪定，但向靈曜寺的則公說了以後，就再也沒有得過這樣的禪境。」可一語道破禪定程度及限制，由此可見顗師禪定之功力。

法濟禪師是當時一位大官何凱的從叔（父親的堂弟）；法濟把顗師來訪所發生的事跟何凱說了之後，何凱又告訴其他人。不久之後，便「朝野聞風」，皆來請益。

當時還有一位大忍法師，為梁陳兩朝聞名的義學師匠，卻不交世俗，常在「蔣山」說法論道。

蔣山，即鐘山，又名紫金山，在今江蘇省南京市中山門外。漢末有秣陵尉蔣子文逐盜身亡於此，三國吳孫權為其立廟於鐘山，因此又稱「蔣山」。

有一次，顗師上蔣山與大忍法師討論佛法，可謂棋逢對手；大忍法師廣引經論，顗師則隨機應對，無所滯礙。一旁的聽眾凝神傾聽，皆嘆道這番精采的辯論實聞所未聞。

事後，大忍法師讚歎：「智顗禪師雖然年輕，但是他於論辯時並非採取由文疏中死背硬記的論點，而是隨機發揮。所謂『般若非鈍非利，利鈍由緣』，可見他的般若智慧之高，已可應機而說法，利根深說、鈍根淺說，不拘一格，這真是說法之『利相』！如《大智度論》所云：『見雨猛，能知龍粗；睹荷池深，能知花大。』我在與他的辯論中得到許多啟發，雖然年老力衰，卻不感疲憊。老朽之年還能遇到這樣的大德，實在有幸！」

得到大忍法師這樣的前輩高僧贊賞，使顗師的聲譽更盛；不但有更多人向他請教，還有人想請他主持佛教名剎。

住持瓦官

或因朝野僧俗之推崇，陳宣帝太建元年（五六九），三十二歲的顗師，受儀同（僅次於宰相的高官）沈君理之請，居瓦官寺，開講《法華》經題——此或是第一次開講《法華玄義》之內容，亦展開了天台宗教觀義理之建構。

當顗師至瓦官寺講經之日，朝野轟動。陳宣帝特敕停朝一日，令群臣前往聽講。僕射（相當於副宰相）徐陵、光祿大夫（皇帝顧問）王固、侍中孔煥、尚書（部會首長）毛喜、僕射周弘正等人，之後皆於顗師門下受戒，成了菩薩弟子，同聽妙法。

於是，顗師便成為瓦官寺的住持。

在皈依的大臣中，當世大儒、尚書左僕射徐陵對顗師尤為崇敬。據傳，當他在襁褓時，神僧寶誌禪師曾為他摩頂；長大後，有慧雲法師稱讚他為當世的顏回。由此可見，徐陵的修養之高及佛緣之深厚。

在顗師到達金陵後，有一天夜裡，徐陵夢見已故的父親對他說，顗師是宿世的修行大德，告誡他要一心敬事、奉養。此後，他每次面見顗師就跪地而拜，毫不嫌避泥水。收到顗師的書信文疏，必定淨手焚香、穿戴整齊後，才開始拜讀，可見其恭敬之心。

若非顗師的學養與德行盡皆高妙，哪裡能令當世大儒及朝野重臣、學者如此心悅誠服？

瓦官寺的「維摩詰像」

瓦官寺為東晉古剎，除了建初寺以外，乃是金陵最古老的寺院。

寺址原是官府管理陶業機構的所在地，所以名為「瓦官」。

晉永和年間有苦行僧慧力，來到京城時看中這塊地方，乞請作為伽藍用地，建立寺院。寺成之初，以「維摩詰畫像」聞名（後稱《維摩詰示疾圖》亦名《維摩詰居士像》），其間還有一段軼事。

據說，寺落成後，於啟用前，寺方僧侶向京城士大夫募款，以待日後弘法所需，但迴響不甚熱烈。當時的知名文人顧愷之，不媚權貴、兩袖清風，卻慷慨地認捐一百萬錢。顧愷之多才，工詩賦、善書法，時人稱為「才絕、畫絕、癡絕」。

然而，顧愷之的認捐卻一直未送至寺方，寺裡的僧侶只得催請顧愷之。顧愷之說：「就請貴寺留給我一面白牆吧！」

寺方清理出一面白牆後，顧愷之便開始每天都在寺裡作畫，閉門創作一個多月，畫了一幅病容憔悴的維摩詰像；畫作大體完成，只差眼珠未點上。

就在啟用當天，顧愷之請寺方讓民眾參觀，並規定：頭一天來觀看的人，捐錢十萬，第二天五萬，第三天隨意樂捐。許多人為了爭睹顧愷之「開光點眼」，紛紛湧入瓦官寺。顧愷之當眾起筆點睛；說也神奇，只那麼一點，整個畫像便活靈活現。百姓爭相賞畫，一百萬錢很快便湊足了。

唐代「詩聖」杜甫只是看過瓦官寺維摩詰像的圖樣，便題詩贊曰：「看畫曾饑渴，追蹤恨渺茫；虎頭金粟影，神妙最難忘。」可見其畫之靈動如神。可惜，後世已不知此畫去向。

然而，顗師講經後入住金陵名剎，當地小莊嚴寺的慧榮法師卻對這位「遠來的和尚」之修為頗有質疑。

慧榮法師是金陵城中有名的僧人，其放下親情牽絆，相當用功，因此精通佛理、善於辯論，而有「義龍」（或稱「義虎」）之譽。

顗師作為一個外來僧人，不到一年時間，不僅僧俗皈敬，又成為名剎住持，慧榮便想測試顗師修為之深淺。於是，他安排時間要與顗師公開辯論。

論辯當天，慧榮神情得意地揮著扇子，提出許多複雜的教義問題；沒想到，顗師能夠毫無遲滯地一一予以答覆。

慧榮法師或許因驚訝於大師思辨之敏銳，加上過於專注聆聽，稍一失神，手中的扇子竟掉落地上。或許是針對慧榮法師之輕忽禪定，顗師便趁機合掌對慧榮說：「所謂『非禪不智』，指的便是今日的您吧！」

法歲法師當時與慧榮坐在一起，便拍著他的背說：「你向來是金陵佛教界的權威（義龍），如今卻如同降伏的鹿，扇子都掉到地上了，還要繼續辯論嗎？」慧榮法師只得以「輕敵失勢」一語帶過。

在與慧榮辯論後不久，與皇寺法朗法師又派了他的得意弟子來與顗師討論佛法。法朗法師長期專研龍樹中觀學說，也是當時研習《大智度論》的專家，他的弟子便依其所授的思想和理則來辯論。這一次，顗師與法朗弟子整整討論了十數天，法朗弟子最終還是拜服，並留在瓦官寺跟隨顗師學習禪法。

建初寺的寶瓊法師，德高望重；每遇到顗師時，卻必定讓道行禮。他說自己年少之時想要學禪，可惜沒遇到好老師；長大後雖有心再學，卻又糾纏於教理之中；待垂暮之年遇到顗師這樣的賢者，卻已有心無力了。只願這時多結善緣，盼與顗師來世相逢時，多多提攜。

而金陵其他寺院的高僧們，諸如白馬寺警韶、定林寺的法歲、禪眾寺的智令、奉誠寺的法安等，不論年齡大小、戒臘高低，全部放下講壇，帶著他們的弟子，來到顗師門下學習禪法，尊顗師為師。

四方的僧俗大眾，更是不遠萬里地來到瓦官寺，只為聽顗師一句開示；在顗師座下學習，禪、智並重，廢寢忘食，不知疲倦。

之後，顗師經常在金陵講解《大智度論》，並說《次第禪門》；如慧思禪師般，顗師也將義學及禪定法門並行地傳授僧俗徒眾。

慧文大師是讀《大智度論》而悟「三智一心中得」的，所以《摩訶止觀》稱「文師用心，一依《釋論》」。而慧思大師一生也非常重視《大品般若經》，並造金字《大品般若經》，發願在彌勒佛出世後宣講此經。因此，顗師也重視並宣說《大智度論》，可說是《大智度論》將三位祖師統貫在一起的。

至於《次第禪門》，便是其將顗師所開示之禪修止觀法門加以編撰的著作。全稱為《釋禪波羅蜜次第法門》，簡稱為《釋禪波羅蜜》、《禪波羅蜜》、《禪門修證》等。此外，顗師尚有《六妙門》、《小止觀》等止觀法門著作。（詳見「智者大師的重要著作」一章）或因南方重義輕禪，所以顗師亦藉此弘揚禪修法門。

時序來到陳太建七年（五七五年），顗師三十八歲，待在瓦官寺已有八年光陰。他發現，在瓦官寺學法者，起初只有四十人修習，有二十人得法；其後有百餘人修習，依然還是二十人得法；之後更有兩百人共修，卻只有十人得法。越到後來，跟隨顗師學法的人日增多，而得法人卻更少。如此看來，此時、此地，已非宏揚天台教法之機。

於是，他遣去門人，決定「群賢各隨所安，吾欲從吾志」，離開喧囂的金陵，前往天台山「息緣茲嶺，啄峰飲澗，展平生之願」。

「息緣」，即止息各種會影響修行的外界境緣。境緣大致有四：治生經紀之緣務、人事交際之緣務、工巧技術之緣務、聽學讀誦之緣務，如《摩訶止觀．卷四》云：「緣務妨禪，由來甚矣……緣務有四，一生活、二人事、三技能、四學問。」《止觀》主要是針對禪修而言，因此讀誦經論、辯論問答等一切學問緣務亦在止息之列。

為了能更深、更廣地發揚所學、教化有緣眾生，顗師要再一次地精進提升自身之修為。

西元五七六年，北周武帝伺機出兵，消滅北齊，統一了中國北方。此時，南朝陳宣帝亦想爭奪徐州（今江蘇西北）、兗州（今山東西南），而與北周形成對立。一時間，陳國與北周之戰事一觸即發。

第四章　天台降魔

但深念實相，體達本無；憂苦之相，尋復消滅。強、軟二緣，所不能動。

顗師在陳宣帝太建七年（西元五七五年）的年初有了前往久聞其「幽勝」之天台山的想法。陳宣帝知道以後，在四月份下詔，希望顗師能夠留下來繼續教化眾生；徐陵也流著淚勸挽顗師不要遠去天台山。

因為時間已經臨近結夏安居了，顗師便勉強留在金陵度夏。

所謂「結夏安居」，或稱「夏安居」、「坐夏安居」，指的是一種出家眾於夏季集結修行的制度。印度的夏季三個月期間為雨季，僧眾在山間禪定或於樹下經行時，衣缽常因雨水而流失；此外，蟲蟻在地面爬行覓食，僧眾沿路乞食不免踩傷地面的蟲類及草樹新芽。是故佛陀基於慈悲，並避免居士之譏嫌，遂制定了出家眾於夏季三個月內於一固定所在精進用功的夏安居制度。

漢傳佛教中，因為中國的季節不同，便改為農曆四月十五至七月十五日，結束時即「諸佛歡喜日」。

這一年的結夏安居結束後，大師留下法喜禪師等人於瓦官寺傳道說法，於九月時，與慧辯等二十餘僧來到朝思暮想的天台山。這是三十八歲的顗師第一次來到天台山。

天台聖地

天台山位於今浙江省天台縣城北，處於仙霞嶺山脈的東支，西北接四明、金華二山，西南有括蒼、雁蕩二山，蜿蜒綿亙，形勢雄偉，又稱天梯山、台嶽。

關於天台山名字的由來，在南北朝道士陶弘景所著之《真誥》中記載，天台山共有八重山，四面山勢一致，按天文方位說，應了「台宿」（三台）的位置，所以取名為天台山。山上峰巒眾多，最高峰為華頂峰。

還有傳說，天台山原稱南嶽，因為周靈王太子晉曾居住在此，死後成為山神，自此命名為天台山。

天台山被稱為佛教與道教的發源地，最早的說法是：三國時代，東吳道士葛洪在山上的桐柏金庭煉丹，金庭山洞因此成為道教七十二福地之一。

據說，東晉的曇猷尊者最早在此結庵修行，經常和棲居此地的五百羅漢相聚，因此石樑方廣寺又是五百羅漢的應真道場。宋代法照大師（天台宗第二十三祖）便於《曇華亭記》云：「按《西域記》，佛言震旦天台山方廣聖寺，五百大阿羅漢居焉。」

東晉孫綽在他的《遊天台山賦》中將天台山與蓬萊相媲美，令人為之神往：「天台山者，蓋山嶽之神秀者也」、「窮山海之瑰富，盡人神之壯麗矣。」明代的知名遊記作家徐霞客，曾經一天內三次考察流連於石樑奇景，激動得「幾不欲臥」，可見其美。

顗師一生雅好林泉，「初入天台，歷遊山水。」因位於石橋山之天台八景之一的石樑飛瀑自古以來就非常有名，顗師剛到天台山時，尚無固定住所，便去了石橋山觀覽，並常留宿於此。

某日，當他坐禪時，出現了三位頭戴黑色頭巾、身穿絳紅色衣服的人，並有一位老僧對顗師說：禪師如果想造立寺院的話，山腳下有一處皇太子寺基，我現在把它預先供養給您。

智者說：「我剛到此處，連一間安身的茅棚都沒有，哪裡有能力承建莊嚴的大寺？」

老僧回道：「當然不是現在！等到有一天，『三國成一』——三個國家成為一個國家，就會有掌權的上位者幫你完成建寺。『寺若成，國即清』——寺院完成後，國家便能政治清明，可將寺院命名為『國清寺』。」

「皇太子寺基」是一種暗示，預示著將來造寺著之身分乃是皇太子。至於這位神祕的「老僧」，據說乃是賓頭盧尊者前來告知。

尚住於世的佛陀弟子

賓頭盧尊者或稱賓度羅・頗羅墮闍尊者（Piṇḍola Bhāradvāja），是釋迦牟尼佛的十六大阿羅漢（漢地另有十八羅漢之說）弟子之一，在漢傳佛教中被稱為「坐鹿羅漢」，號稱「獅子吼第一」、「福田第一」。《付法藏因緣經》記載：「尊者眉髮秀白，身體相好，如辟支佛。」

《雜阿含經・卷二十三》中記載，釋迦摩尼世尊住在舍衛國時，給孤獨長者之女在請佛陀和比丘僧前往應供，當時諸比丘各自以神通力飛空前往，賓頭盧尊者以神通力故意用雙肩挑著兩座山前往。世尊責怪賓頭盧：「彼時汝現神足，我今罰汝，常在於世，不得取涅槃，護持我正法，勿令滅也。」

佛陀教法之所以異於其他外道，乃在於其解脫之智慧（般若）；

神通僅是禪定力之「衍生」，若未以智慧觀照，則易淪為外道甚至入魔。因此，佛陀不許弟子隨便展現神通，以免世人為其所惑；賓頭盧尊者便是因此而受罰住世。

賓頭盧尊者和君屠鉢嘆尊者、羅睺羅尊者、大迦葉尊者，是佛陀於《彌勒下生經》中授記，不得入滅、留形住世、直到彌勒菩薩下生成佛的四位阿羅漢。

他出谷之後，看到「佛隴」南峰，便徘徊留意此山。佛隴，位於天台山西南隅，在金地嶺和銀地嶺之間；由於遊山的人經常能夠看見佛像，故稱佛隴。

當時，青州定光禪師住在此地已三十年了，他「定慧兼習，蓋神人也」。在顗師還沒有到天台山的前兩年，定光禪師就對山民說：「二年以後有一位大善知識要到這裡來，你們應該『種豆造醬，編蒲為席，更起屋舍』，用來迎接這位大師。」

當顗師來到佛隴，定光禪師歡喜地迎接，並且問道：「你還記得我曾在夢中對你招手接引的情景嗎？」顗師這才領悟到自已在十七歲時於夢中禮拜佛像時的預兆：「當拜佛時，恍焉如夢……山頂有僧，舉手招之……」

晚上，顗師就住在定光禪師的住所中，忽聽到空中有鐘鼓大磬的聲音，定光禪師解釋：「這是揵椎集僧，是表示你能夠在這裡安住的徵象。此處是金地嶺，已有我住於此；北面是銀地嶺，你可以到那裡建寺居住。」不管為何種原因打揵椎，其目的都是為了集合僧眾處理僧事；因此，當定光禪師與顗師聽到鐘磬之聲，定光禪師就知道顗師的法緣就在此地，以後的講學及徒眾定會日盛。

顗師於是按照定光禪師的指示，在銀地嶺創立寺院，種植大片松林，並把澗水引入寺中；山水相映，風光清秀，和他以前在夢中所見一樣。

之後，徐陵把顗師創建寺院一事報告朝廷，陳宣帝便賜號為「修禪寺」。修禪寺又名禪林寺，宋大中祥符元年（一〇〇八）改稱為大慈寺。後於明洪武十七年（一三八四）為風雨所壞，至今未能修復。

華頂降魔

顗師為了能夠在禪定修行上有進一步的進境，便離開修禪寺，獨自一人前往寺院北側方最高的華頂峰，進行「頭陀行」苦修。

天台山峰巒甚多，共由桐柏、赤城、瀑布、佛隴、香爐、羅漢、東蒼、華頂等八峰組成，最高峰為華頂山，高一一三八公尺，「華頂秀色」是有名的天台八景之一。

頭陀（梵語 dhūta），音譯作杜多、杜荼、毒他、投多，兼顧意譯可曰「抖擻」，意即對衣、食、住等棄其貪著，以修煉身心。所謂的「十二頭陀行」為：一、阿蘭若處（寂靜處）；二、常乞食（於所得之食不生好惡念頭）；三、次第乞（不擇貧富）；四、一受食（日僅一食）；五、節量食；六、中後不飲漿

（不喝除了清水之外的飲品）；七、著弊衲衣；八、但三衣；九、塚間住（住於墳間）；十、樹下坐；十一、露地（無覆蔽處）坐；十二、長坐不臥。至於後世所言頭陀行，則主要指巡歷山野而能忍苦耐勞、行腳修行，或特指乞食之行法而言。

顗師精進修行多日。某一天晚上，後半夜時，顗師正在禪定中，忽然狂風大作、雷電交加，並且有無數妖魔鬼怪出現，不斷變化，極為恐怖。據傳記形容當時「情境」：

大風拔木，雷震動山。魑魅千群，一形百狀，或頭戴龍虺，或口出星火，形如黑雲，聲如霹靂，倏忽轉變，不可稱計。

當這些境界出現時，顗師以止觀之法安住，不為一切外境所動，一心觀照自性清淨。當顗師如此觀照時，一切怖畏情景自然消散。如顗師之前所說：「除諸法實相，餘皆魔事。」

其實，「魔」亦為法界之一物罷了。《摩訶止觀》十乘十境中第五即是「魔事法界」，故《止觀．卷八》云：「魔界即佛界，而眾生不知，迷於佛界，橫起魔界，於菩提中而生煩惱。」當知魔事亦為不可思議之法界。

令人怖畏的狂風閃電、魑魅魍魎等惡境無法擾亂顗師的心神；隨即浮現的，卻是顗師的父母、師父及同參道友，或以頭枕膝，或以手抱身，哽咽地泣訴往日種種的情景。

修道者對於恐怖凶惡的情境往往會有防範的意識；但對於世間私情的牽繫卻不易察覺，有時甚至會生執著之心，隨其情執而轉。遇此境界，修行者更須警醒。

顗師仍不為境所動，不起於座，「深念實相，體達本無」。於是，這些境界也逐漸退散，不復存在。

種種恐怖之境是「強緣」，父母師僧枕膝抱身是「軟緣」，這兩種境界都不能動搖顗師之禪定。非但了知逆緣是障礙，順緣亦是行人之妨礙；遇順逆皆能心不動搖，才能成就覺道。

歷經試煉後，就在「明星」出現的當下，顗師豁然大悟！明星，又稱曉星、金星、長庚，即太白星。據傳，佛陀也是在明星生起時豁然大悟。

此時，出現一位神僧對他說：「制敵勝怨，乃可為勇。」——制服敵人、戰勝宿怨——亦即不被強、軟二緣所困，方能稱為真正的勇士。然後，其為顗師說法；但其法義玄妙，「可以意得，不可以文載」。

顗師便問道：「您所說的是什麼法門？我應當怎樣學習？如何弘揚此法門？」神僧回答：「此法門名為『一實諦』，乃是以般若智慧（大智）來學習，用同體大悲之心去宣揚。從今以後，不管你是自己修行，還是兼顧別人、度化眾生，我都會常隨護念的。」

以般若大智學習、運同體大悲宣說；換言之，此為悲智雙運之法門，亦即顗師所行之道。

此次的「華頂降魔」，便是顗師的第二次證悟，又稱為「頭陀妙悟」。

阿閦佛土示現

陳太建八年（五七六）時，顗師安居於佛隴。就在這一年，莊稼失收，值遇饑饉。

由於山上缺糧，顗師令徒眾願意留的就留，想到其他地方去參學的就走；顗師與慧綽法師等人則「種苣（芝麻）拾橡（橡栗）」，安於貧窮而毫無憂愁之態。

當陳宣帝瞭解到顗師的情況，於第二年便下詔：「瓦官禪師是佛門當中的雄才俊傑，為大臣們所尊崇宗仰。禪師的教化普被僧俗，深受全國人民敬仰。因此應該劃割始豐縣（今天台縣）的賦稅給寺院，以便充當寺院日常的各種費用；並且免除兩戶居民的各種官方差役，專門來為寺院服務，進行擔柴挑水等日常工作。」

官方撥予一縣之稅賦歸修禪寺使用，這對寺院的生存是強有力的保障；因此，原先離開的僧人又重新回到了修禪寺。

顗師在此說法時曾有一件軼事。某日，陳郡的袁子雄和新野的庾崇來到天台山，正好值遇顗師在寺講《淨名經》；兩人便專一地奉守齋戒，連日聽法。

《淨名經》即《維摩詰所說經》之另稱。「維摩詰」為梵文Vimala-kīrti之音譯，意譯為「無垢稱」、「淨名」。《維摩詰所說經》有三譯：一為三國吳支謙譯，題為《維摩詰經》；二為鳩摩羅什譯，題為《維摩詰所說經》；三為唐朝玄奘譯，題為《說無垢稱經》；三譯中最為流通者為什師譯本。顗師有《維摩經玄疏》六卷以解經題，常稱為《淨名玄疏》；又有《維摩經文疏》二十八卷以解經文，常稱為《淨名廣疏》。唐代湛然大師又將後者略為十卷，稱《維摩經略疏》，世稱為《淨名疏》。

齋戒，廣義言之為清淨身心而慎防懈怠，狹義而言則指八關齋戒；此處應是指兩人嚴守戒法以屏絕一切嗜欲。

修禪寺的前方比較開闊，並沒有山林阻擋視野。某一天，袁子雄聆聽說法時，卻忽然看見在講堂前面現出一座高山，如琉璃一般晶瑩剔透；山朝北的一面有一條彎曲的溪澗，在溪澗上建有拱曲如虹的長橋；有數十位梵僧拿著香爐，登上虹橋進入講堂；梵僧威儀不凡，香爐煙息裊繞。

袁子雄把自己所看到的告訴庾崇，庾崇卻說自己沒有看見。

於是，袁子雄發心援造講堂，講堂落成後命名為「大慈講堂」；據說，直到宋代還保存著。

據《三寶感應要略錄．第十八隋朝顗師講淨名經感應》所云，袁子雄所見到的瑞相即是東方阿閦佛土，或稱妙喜世界無動如來國土，亦即維摩詰居士原本所居之淨土。梵僧之示現，乃是表示顗師所言深契佛意：「十數梵僧，執香爐入堂，遶顗三匝，贊曰：善哉智顗，玄悟佛意，吾來影響，感應如是。」

因為有陳宣帝的支持和袁子雄的資助，修禪寺的修建工作，終於在陳太建十年（五七八）完成。

由於天台臨近海口，人民大多以捕魚為業。因不捨眾生命，於是顗師用自己的身衣，亦即單資勸別人買了一所「簄」（江海中捕魚的竹器，面積大者可有數間屋之廣），作為放生之池。

當時的臨海內史（即今縣長）計詡，請顗師到治所章安宣講《金光明經》。其中有一品為「長者救魚」的故事；打魚的人聽了顗師講了這個故事以後，都發起好生去殺之心，共捨出了江溪簄梁六十三所。於是，從椒江口開始，直溯靈江、始豐溪上游，整個水系總共三百餘里，都成為了放生池。

《金光明經》和「放生」的因緣

《金光明經》，和《法華經》、《仁王經》同為鎮護國家的三部經典（護國三經）；據稱，讀誦此經，國家可獲四天王之守護。

此經現存有三譯：一、北涼曇無讖譯，四卷，題曰《金光明經》；二、隋代寶貴等糅編，八卷，題曰《合部金光明經》；三、唐代義淨譯，十卷，題曰《金光明最勝王經》。在三譯中，義淨法師譯本之文義最為周全。但由於顗師是依據北涼曇無讖的譯本宣說《玄義》及《文句》，因此現在普遍流通和研習的，仍以四卷《金光明經》為主。

至於放生的典故，乃出自卷四〈流水長者子品第十六〉。依經所載，當時有一位流水長者在天自在光王國內治病救人，解除眾生無量苦患。

有一次，流水長者和他的兩個兒子水空、水藏遊行城邑聚落，看到很多虎狼鳥獸等食肉動物都朝一個方向奔去；流水長者感到很奇怪，便跟著跑過去看。他見到一個大池，裡面的水快要乾涸；池中之魚約近萬，被太陽所晒，將為鳥獸所食。

這時，流水長者生大悲心，先用樹枝覆之，然後四處奔跑尋找水源，結果找到了一條大河；原來，是一批惡人想捕獲池裡的魚，便把上游的源頭堵塞，掘開另一水道。而水道地勢險峻，修治需要九十天和成千上百的人工。於是，流水長者急忙返回，向國王借了二十頭大象來運水，池中之魚得以再生；他更對池中之魚施與飲食，向魚說法，解說十二因緣，稱說「寶勝如來」名號。

之後，流水長者及其二子回到家中。有一次，在宴集賓客後，醉酒而臥。爾時大地突然震動，萬魚同日命終，共轉魚身，生忉利天。那些魚隨即想：「我等有什麼因緣能生忉利天？」又互相說道：「我等前在閻浮提內，墮在魚身，是流水長者給了我們水和飲食，又為我們解說甚深十二因緣，並稱寶勝如來名號。以此因緣，使我等得生此天；因此，我等應到長者那裡去報恩供養。」於是，萬位天子把無數珍寶放在長者四周，更散天華以報舊恩。

另一勸說放生之典籍可見《梵網經》：

若佛子，以慈心故，行放生業。一切男子是我父，一切女人是我母；我生生無不從之受生，故六道眾生皆是我父母。而殺而食者，即殺我父母，亦殺我故身……故常行放生，生生受生，常住之法，教人放生。

在我國，自南朝梁武帝時開始，佛家即盛行斷肉之說；梁武帝曾下詔禁止殺生，又廢除宗廟供獻犧牲之制。不過，尚未有固定的場所作為放生之用。正式把一水、一池作為固定的放生場所，並在中國產生重大影響者，應始於顗師。

計詡後來調回首都金陵，卻因事被牽連而被囚禁。在臨近受處死刑時，心裡遙念顗師，希望能夠賜予哀憐、伸手救護。

就在受刑的前一天晚上，計詡夢見成千上百的魚群「吐沫相濡」——口吐唾沫，潤溼其身。第二天早上，計詡竟然就被赦免了。

當天午時，便有祥雲五彩，光采奪目，遙遙地籠罩於修禪寺上；同時有許多麻雀嘈雜飛來，聚集在欄杆、屋簷之下，半日後方離開。顗師說：「這是江魚化為黃雀來謝恩了。」

顗師差慧拔法師至金陵向國主報告此事，陳宣帝便降旨：「嚴禁採捕，永為放生之池。」

太建十四年（五八三）時，陳宣帝駕崩，次年陳後主陳叔寶繼位，改元「至德」。

本來徐陵是奏請陳宣帝親自為此「天台功德」一事撰寫碑文的，陳宣帝亦已答允，但因宣帝駕崩，此事就延宕下來。直到第二年至德元年時，才由陳後主下敕，令國子祭酒（最高學府首長）徐孝克立碑作銘，以贊功德。

大概也是從顗師開始，放生逐漸成為佛教徒一種悲憫其他生靈的方式。只是，放生雖有其殊勝處，但於現代社會中，卻須配合環保觀念及評估，才不至於反而違背了救度眾生之初心。

第五章　重回金陵

立禪眾於靈耀，開《釋論》於太極。又講《仁王般若》，百座居左，五等在右，陳主親筵聽法。

永陽王陳伯智，是陳文帝第十二子，乃陳後主的「從弟」——亦即堂弟。他於陳至德二年（五八四年）鎮守東陽（位於天台的西面，距離約八十公里），便「致書三請」顗師到東陽講經說法；顗師感其虔誠，於是欣然前往。

作《請觀音懺法》

顗師到了東陽以後，白天宣講經義，夜晚則禪修。

某天，他對門人智越說：「我想教永陽王修福避禍的方法，這樣合適嗎？」

智越回答：「我們才剛來到這裡，就勸他趨吉避凶，別人可能會以為我們故弄玄虛、別有目的。」顗師聽了後說：「避免世人無謂的譏嫌，也是護教行善。」便擱下不提。

後來，永陽王某次出遊時，不幸墜馬，生命垂危；智越這才瞭解，顗師或許預知永陽王近期會有難，所以才會想教他修福避禍。永陽王遭禍後，顗師便親自帶領大眾進行《請觀音懺法》，精進不懈。

修懺後，永陽王慢慢蘇醒過來；矇矓之間，看見有一位梵僧手擎香爐，從大門直接走進來問道：「你現在病勢如何？」永陽王滿身是汗，並無回答。於是，梵僧擎爐繞王一圈，香氣徘徊右旋，所有病痛便豁然消除。

經由此事，永陽王對顗師更為崇仰，和兒子陳諶及家人全都皈依顗師稟受菩薩戒法、執弟子禮，顗師為他立法名曰「靜智」。

關於懺法

我昔所造諸惡業，皆由無始貪恚癡，從身語意之所生，一切我今皆懺悔。

——唐．般若譯《大方廣佛華嚴經．入不思議解脫境界普賢行願品》

懺悔一事，最早可以追溯到佛陀時代。戒律的形成，乃是為了制止出家眾犯罪、或引人爭議，而一條條建立起來的。當出家眾犯戒時，釋尊必定在大眾面前教育他，然後讓他當眾檢討悔過，這就是最初的「說過懺悔」。同時，為了督促大眾，定期每半月誦戒，檢視自身，還有夏安居的自恣（自我懺悔），以及一些羯磨法，都是懺悔的方式。

佛教傳到中國，懺悔思想從一開始就被信眾接受。隨著大乘佛教的發展，為了使懺悔法更具體、更徹底地幫助修行，祖師們開始在懺悔思想裡融進般若智慧的觀照。修法者能藉由懺悔，以達到業障消除、身心清淨，還能進而幫助持戒、修定、開慧，懺悔法因此成為修禪定、證三昧的重要行法。至於在方法上，則是從最初的「說過懺悔」，發展到稱名、禮拜、誦經、持咒等，並逐漸形成固定的懺法。

拜懺，或曰「禮懺」，是指依照諸經而懺悔罪過、請求原諒、追悔謝罪，以此求得解脫苦難的儀軌，又稱為懺儀、懺法或修懺。目前為止，最為人所熟知的應該是梁武帝的《梁皇寶懺》，以及《慈悲三昧水懺》等。

據傳，梁武帝蕭衍曾有一位姓郗的皇后，嫉妒心很強；她死後化為巨蟒，纏繞在後宮的柱子上，並託夢給梁武帝，泣訴自己慘遭報應的痛苦。帝遂請寶誌禪師撰成《慈悲道場懺法》十卷（簡稱《梁皇寶懺》、《梁皇懺》），追薦亡者，郗皇后遂被度升天。

然而，中國佛教懺法體系的真正建立，卻是從顗師開始的。顗師依天台教觀，將大乘佛教的理觀與懺悔相結合，親自製作了《法華三昧懺儀》、《方等三昧懺法》、《請觀音懺法》、《金光明懺法》四部懺法；尤其是《法華三昧懺儀》，是影響天台宗學人的實踐行門，以及後代懺法製作的模式。如今最流行的如《水陸儀軌》、《淨土懺》、《藥師懺》、《地藏懺》、《大悲懺》等，都是依循這種模式，由天台宗後繼者所制的儀軌。

顗師雖然隱居於窮山幽壑之間，但其道風德範早已名聞天下。陳後主「意欲面禮，將申謁敬」，於是詢問滿朝文武：「目前的高僧中，誰為『名勝』（最為知名有德者）？」

徐陵回答說：「瓦官智顗禪師，禪風道德高超非凡，永陽王陳伯智親自侍奉，拜其為師。希望陛下能夠下旨讓法駕重回京都，弘宣大法。」

陳後主聽從徐陵的建議，至德三年（五八五）一月中旬便派遣官員拿著親筆寫的疏書前往迎接，但顗師報以「志存林野，兼有疾病，願停山寺，不欲出都」。後主於二月上旬又派遣官員前去迎候，希望顗師能暫時放棄隱居岩壑的想法，以兼濟為務，並說「京師甚有醫藥，在疾彌是所宜」，顗師卻仍舊沒有答應出山，於是，陳後主在二月末又遣龍宮寺沙門道升法師前去，令道升說明後主完全是出於「意存三寶，故有相迎」。

儘管如此，顗師全都以疾病為由而推辭。

陳後主看顗師不至，於三月時又下聖旨，敕令地方上州郡長官一起勸請顗師前往金陵弘法。

永陽王看到陳少主一而再、再而三地遣使迎請，而顗師總是不去，於是勸道：「皇上現在非常虛心虔誠，希望能夠當面禮敬請益，願大師您能法駕京都，按時前往。如果在講法時皇上聽進一言一語，並依之而行，天下蒼生便能因此得益了。」

永陽王之言甚為有理，顗師斟酌因緣如此，於是回答：「我和後主之間的因緣未盡，即使我一再表明想隱居山野，看來也不可能如願。因緣前定，不能遽改，我也只能淡然處之、任之而已。」

此外，顗師認為「道通惟人，王為法寄」——要宣揚佛法，仍須與百姓生息關係密切的官方協助，便答應前往金陵。

當陳後主知道顗師終於答應前來金陵時，非常高興，於三月下旬降旨，派人前去迎候。大師到達金陵後，陳後主遣使官員在船碼頭迎接，先請住至敬寺，虔敬供養；四月，又遣使官員相送，請禪師移住靈曜寺。

同年四月，陳後主認為「護國之力，莫過敷演」，於是請顗師在太極殿開講《大智度論》論題及《仁王般若經》經題；經題講完後，再回到寺院接著宣說經文內容。

《仁王經》，現存兩種譯本：一題《仁王般若波羅蜜經》，姚秦鳩摩羅什譯；一題《仁王護國般若波羅蜜多經》，唐朝不空三藏譯；智者所宣說的自是什師版本。本經是佛陀為十六大國王說示守護佛果、十地之行及守護國土之因緣，並稱宣講及受持此經，則可息災得福。古來以之為「護國三部經」之一，修「仁王會」時即用此經。經中云，當國家混亂，遭遇災難之際，如果持誦此經，則可令五穀豐收、民康物阜，所以歷代公私屢有行之。

在顗師講經時，許多知名的大德法師坐於左邊，王公大臣們則坐在右邊，並有慧晅（此處音ㄍㄨㄥ）、慧曠、慧辯等法師「奉敕難問」。

所謂「難（ㄋㄢˋ）問」，亦作「激揚」，就有如在佛陀說法時，諸大羅漢或大菩薩對如來提問，以顯揚佛意而成辦利益；這裡也是如此——由慧晅等人對顗師提出種種問題，使顗師能夠宣說法義、顯揚宗旨。此乃古代一種講經的方式，並非有意辯難。

在顗師說法時，陳後主也親臨講席聽法。自此，文武百官皆對顗師竭誠恭敬。

而顗師來到金陵，除了對國主說法，也令有心修道者得益。

根據唐法琳法師的《辯正論．卷三》和唐道世法師的《法苑珠林．卷一百二十》所載，陳朝時有寺院一千二百餘所，僧尼三萬兩千人，不可謂不多。在這些僧尼當中，大多數人沒有道業，亦即素質不高。便有官員於議政時提出讓出家人「策經」；考試不及格者，就令其還俗，不允許出家。

策經，又稱試經，亦即令出家者背誦經論，且陳述要義，以試驗其學力。

顗師聽說了這件事情以後，就向後主勸諫：「調達（提婆達多）很聰明，每天能夠背誦上萬字，卻難免墮入地獄。槃特（周利槃特）相當愚笨，六年當中只記得一首偈子，卻證得了阿羅漢果。因此，修習佛道，又怎能以其背誦多寡來斷定其修為呢？」

陳後主聽了之後覺得有理，便停止了揀別僧人的舉措。

「調達」——提婆達多

提婆達多（Devadatta），意為「天授」，音略譯為「調達」，是斛飯王之子，為佛陀的堂弟。

佛陀成道後，提婆達多和阿難、優波離等釋迦族青年從佛出家。在剛出家的十二年間，提婆達多善心修行，精勤不懈；後來卻因沒有迅速證得聖果，又因為貪戀名聞利養，道心就逐漸退轉了。

後來，他從阿難處學得神通以後，受到摩揭陀國阿闍世太子的供養，太子並為其在伽耶山建造了一座精舍，他因此更加憍慢了。後來甚至勸誘五百比丘歸伽耶山，脫離僧團，自稱大師，犯了「破和合僧」(破壞僧團)之罪。

他又曾誘使阿闍世殺父自立,自已也想除去釋尊而代之。有一次,趁佛陀從靈鷲山下經過時,投下大石;所幸,只有石頭碎片劃傷了佛足而出血。

他看大石傷不了佛陀,又放狂象欲加害之;然而,大象一見佛陀,全都乖乖順服。

後來,經過舍利弗和目犍連的勸導,提婆達多的徒眾又重新回歸佛陀的僧團之中,阿闍世王也受佛陀的教化而懺悔皈依。然而,提婆達多仍不捨惡念;當「比丘尼眾神通第一」的蓮華色比丘尼去勸諫他時,竟被他擊斃。

他又於十指爪中置毒,假裝懺悔,想在頂禮佛足時傷害佛陀;結果,「王舍城中,地自然破裂,火車(火焰之車)來迎,生入地獄。」(《大智度論・卷十四》)。據《大唐西域記・卷六》記載,玄奘大師在祇園精舍的廢址處，還曾親眼看到過提婆達多生身墮地獄的深坑。

古來以「破和合僧、出佛身血、放狂象、殺蓮華色比丘尼、十爪毒手」等五事為提婆之五逆。或稱提婆達多和阿闍世王「共造五逆」；這是以提婆達多造了「破僧、出佛身血、殺比丘尼」的三逆，阿闍世王則造了「殺父、殺母（未遂）」二逆，兩者合論是謂「共造五逆」。

精熟《法華經》的顗師當然知道提婆達多是「大權設化」，亦即佛菩薩以神通力權巧方便地示現種種異形異事。佛菩薩可以「現順」，如觀世音菩薩以三十三身救度眾生；也可以「現逆」，如提婆達多之害佛，亦即「逆贊釋迦之道」。如《法華經》云，在過去世的時候，世尊是棄位國王，而提婆達多則是仙人，曾為釋尊宣說大乘經典，使世尊具足一切佛法，至於成佛。因此，世尊在法華會上為其授記：「當于無量劫後成佛，號曰天王如來。」至於現在他示現逆事，那是為了警告後人，其言外之意是說：如果你們也和我一樣，造種種不法之事，將來也一定會下地獄；你們應該以我為鑑，不要重蹈覆轍。

「槃特」——周利槃特

周利槃特（Śuddhipanthaka），或稱「周利槃陀伽」，簡稱「槃特」，意譯為「小路」。他的母親是王舍城長者之女，因為和男奴私通而流寓他鄉，後來在路邊產下二子，便以槃特（即路生）命名，兄名摩訶槃特（大路），弟即周利槃特。

兄弟二人先後出家，為佛陀弟子。由於其稟性愚笨，學習過的教法誦過即忘，因此又被譴稱為「愚路」。後來佛陀憐憫他，親自教授他這首偈子。

在《法句譬喻經》中，偈子原文為：「守口攝意，身莫犯非，如是行者得度世。」槃特感念佛的恩德，努力精進，終於誦熟，遂漸除業障，終於證得阿羅漢果。

另一說為佛陀教示槃特的只是「掃塵除垢」一語；後來他在掃地的時候，自悟到不僅要掃除地上的塵垢，還應掃除心垢，由此而證道。證悟之後，具大神通。

有一次，五百比丘尼來請教誡，正好輪到槃特前往。那些比丘尼知道槃特最為愚鈍，所學只有一首偈子，心裡很看不起他。諸年少比丘尼便想在槃特講法之前，先誦出那首偈子以羞辱他；然而，當他們想誦偈時卻口不能開，這才驚怖悔過。槃特於是依於佛說，次第敷演，令諸尼皆得阿羅漢果。

又有一次，波斯匿王請佛及諸比丘去應供，槃特為佛持缽；其他人都進去了，唯有槃特，守門人故意刁難他，不讓他進，槃特便從門外伸手送缽遞給佛陀。波斯匿王大驚，問佛這是誰的手？佛回答說這是槃特的手。王問：「但誦一偈，云何乃爾？」於是佛說偈云：

雖誦千章，句義不正，不如一要，聞可滅惡。

雖誦千言，不義何益？不如一義，聞行可度。

雖多誦經，不解何益？解一法句，行可得道。

這次的「策經」朝議，雖由於顗師的諫阻而沒能實行，但在以後的歷朝歷代中，這種策經制度卻是延續著。如果想要出家，必須得通過國家考試，合格者發予祠部牒，被認證為僧尼；此一國家性的考試制度，即稱為試經度僧。

根據《唐會要》或《佛祖統紀》等記載，唐中宗時試經的考試科目為背誦《法華經》；肅宗至德二年（七五七）是誦經五百紙；代宗大曆八年（七七三）

開始，考試的科目不再是單純背誦經文，改為經律論三科的考試。敬宗寶曆元年（八二五）則是令童子誦經一百五十紙、女童子百紙。之後的歷朝試經制度都有所不同。

從表面上看，試經是為了整頓僧團，以期提升僧尼的素質；但其另一目的，亦是便於執政者能夠控制僧尼數量，防止國家財政和兵役來源的過度流失。

不過，在唐代頗為嚴格的試經度僧制，到了宋代，由於宋室經濟的拮据而演變成出售度牒制；直到清世祖順治八年（一六五一），免納銀給牒，基本上即廢除了試經度僧制。

光宅寺說法

顗師到了金陵以後，暫時住在靈曜寺。但靈曜寺比較狹窄，顗師想另找一處安閒寧靜的寺院。

正有這種想法的時候，晚上就夢見一個人，旁邊的隨從護衛威嚴整齊，而那人自稱「冠達」，請顗師移住三橋一帶。

相傳梁武帝曾詔見菩提達摩詢問禪要，又親受菩薩戒，法名「冠達」。因此顗師便說：「『冠達』是梁武帝受菩薩戒時的法名，『三橋』則是光宅寺所在的位置。」陳後主聽聞此事後，就迎請顗師移居光宅寺。

光宅寺，又稱慧光寺，梁武帝天監元年（五〇二年）時由武帝捐舍舊宅所建；時以觀音之像放光七日，故稱光宅寺。

梁朝時，梁三大法師之一的法雲為寺主，其在此寺宣講《法華經》時，「忽感天華，狀如飛雪」，令此寺聞名於世。時隔八十多年後，梁武帝於夢中勸請顗師移居此寺；名寺高僧，相得益彰。

之後的隋文帝下詔予顗師時，就曾稱其為「光宅禪師」。

移至光宅寺後，陳後主又下詔請智者再至太極殿宣講《仁王經》。

梁武帝一生曾四次捨身同泰寺，親自為僧眾服役，群臣以巨金贖回帝王之身。陳後主亦仿效之，捨身大施，並於聽講《仁王經》後，在大眾中親自頂禮三拜。

在這一次法會中，諸宮嬪妃等都稟受了菩薩戒法，沈皇后請顗師為其起菩薩戒法名，顗師授其為「海慧菩薩」。

西元五八七年，五十歲的顗師於光宅寺講《法華經》；時年二十七歲的章安灌頂大師也來到了金陵，並且參加了講經法會，把顗師所講的內容全都記載下來。但並沒有馬上成書，而是一直到他六十九歲的時候，才有機緣在天台山重新整理以前的筆記，編纂成書，即《法華文句》。

《法華文句》乃是依《妙法蓮華經》之經文各各句讀之鉤玄探隱，從頭至尾逐步開顯每一句乃至每個文字之深義，而且是運用天台宗獨創的釋經方法來解釋經文。

首先，顗師以天台宗的見地，將《妙法蓮華經》二十八品分成本跡二門：

以前面的十四品為如來「跡門」說法，它的要旨是「開權顯實」；以後面的十四品為如來「本門」說法，其要旨為「開近顯遠」，即是開近成的化跡而顯久遠的實本。

除了以本跡二門分判外，本書又以「四意消文」——天台家獨創的釋經方法：因緣、約教、本跡、觀心等四種釋法對經句進行說明。

其中，「觀心釋」實是與經義相互印證的一種實踐上的解釋方法；此一方法使得經文上的知解，轉變成為禪修之實踐。這樣的釋經法，也是天台之所以「教觀雙美」的原因之一。（關於《法華文句》，詳見「智者大師的重要著作」一章）

五八八年正月，顗師應允皇太子的請求，於正月十五日為其受戒。

五八九年正月，陳國滅於隋朝。

第六章　受封「智者」

師云：「大王紆遵聖禁，名曰總持。」王曰：「大師傳佛法燈，稱為智者。」

西元五七七年，北周攻滅北齊，統一北方。五七八年，北周武帝去世，周宣帝繼位，結束周武帝為時五年的滅佛運動，著手扶植佛教。

不過，宣帝五八〇年即崩殂，政權逐漸掌握在權臣楊堅手上。五八一年，楊堅廢北周靜帝自立，建立隋朝，即隋文帝。他在安定內部、解決北方突厥的外患以及併吞西梁後，開始著手收拾陳國。

隋開皇八年（五八八年），顗師五十一歲。這一年三月，隋文帝楊堅下令討伐陳國。十一月，二十歲的次子晉王楊廣受命統率水陸大軍五十餘萬在長江沿線進行全面出擊，開皇九年（五八九年）正月在下游發動總攻擊。

正月二十日，陳後主命令主力十餘萬軍在金陵城東與隋軍進行最後決戰；但是，面對強大的隋軍，陳軍自行投降，不戰而敗。隋軍當天就占領了金陵，俘獲陳後主。

陳國滅亡，長達四百年的魏晉南北朝結束，隋朝統一漢土疆域。

守護東林寺

滅國之慘，顗師早在他的青年時期就已經歷過。再次遇到這樣的事，作為僧侶，無能為力；於是，他打算回到他的家鄉。

行至途中，在一個名叫盆城的地方（今江西九江市），他夢見有一位老僧對他說：「敬請您屈駕，幫忙守護『陶侃瑞像』。」

醒來後，顗師便依夢的指點轉道「匡山」。匡山就是廬山，東晉時慧遠法師在此地建寺安僧。

「陶侃」是晉朝名將，官至相位。至於「陶侃瑞像」，卻並非指陶侃本人的圖像或塑像。

據傳說，當陶侃擔任廣州刺史的時候，有漁民報告，每天晚上都能看到海濱上有亮光，疑心有異物。陶侃命人去尋找，結果從海中躍出一尊金色菩薩像，飄流到船邊；用船載回後，發現菩薩身上有銘文：「阿王所造文殊師利像」（「阿王」或指阿育王，未有定論）。

陶侃命令將菩薩像送到武昌縣寒溪寺供奉。當他任滿將返荊州，打算帶著這尊像一起走，還特意準備了一輛車給菩薩。當天，原本幾個人就能抬動的車，加上壯夫百來人，還利用牛車牽拉，才勉強將菩薩像挪到碼頭。剛要放到船上，船竟然沉了，令在場者皆頗為忐忑。

陶侃這才領悟，應是菩薩不肯走，只得又請回寒溪寺供奉。後來，慧遠法師在廬山造東林寺，寺成後執香乞請菩薩；結果，這尊菩薩像竟飄然而至。從此以後，菩薩像就一直被供奉在東林寺中。因為這尊菩薩像最初由陶侃發現，所以又稱「陶侃瑞像」。

當時顗師不知道那位夢中老僧是誰；到了廬山東林寺之後，看見慧永大師和慧遠大師的圖像，這才知道夢中所見就是慧遠大師。

東林寺與慧遠大師

慧遠大師（西元三三四至四一六年），俗姓賈，雁門樓煩（今山西代縣）人，故又稱「雁門法師」。

二十一歲時，他和弟弟慧持在太行山聽道安大師講《般若經》，於是徹悟真諦，感嘆地說：「儒道九流學說，皆如糠秕。」於是發心出家，隨從道安法師修學。

四十六歲時，慧遠駐錫廬山龍泉精舍。他的道友慧永法師對刺史桓伊說：「遠公剛剛開始弘法，就有很多的徒眾前來親近他，將來一定會有更多學者來追隨他；如果沒有一個比較大的道場，那怎麼行呢？」桓伊於是發心建造了東林寺。

自此，慧遠以東林寺為道場，修身弘道，著書立說，三十餘年跡不入俗，影不出山。當時的名士謝靈運，頗為欽敬慧遠，替他在東林寺中開東西兩池，遍種白蓮；慧遠後來結社共修念佛三昧，遂稱為「白蓮社」。因此，淨土宗又稱「蓮宗」。

慧遠大師取《阿彌陀》、《觀無量壽》等佛經為依據，提倡稱念「南無阿彌陀佛」，以企求往生阿彌陀佛以其願力構建的西方淨土，因而被後世淨土宗視為初祖。

此外，廬山東林寺並與當時的長安逍遙園鳩摩羅什譯場，作為南北二大佛教中心，遙相呼應。

顗師到廬山後不久，潯陽地方發生叛亂。陳國雖然滅了，但是陳國還有一部分人民不願歸順隋朝；江南有李棱等人，聚集了數千至數萬人在江南作亂，反抗隋朝統治，並殺害地方官。動亂之中，寺院也未倖免，被劫遭焚，使得佛教僧俗亦人心惶惶。

廬山因為有顗師坐鎮，以他的名望以及修持力，作亂的軍隊未敢造次，因此保存了廬山的寺院，東林寺的菩薩像自也安然無恙。烽火連天之下，顗師總算沒有辜負慧遠大師所託。

楊廣皈依

關於隋文帝楊堅的出身，據《隋書》記載，因當時的人認為在寺院裡出生的孩子好養，楊堅之母呂氏就在馮翊（今陝西大荔縣）的般若寺中生下了他。

傳說楊堅出生時「紫氣充庭」，寺中的智仙尼師便預言他必得天下，但因其來處特別，不可以在俗間撫養。於是，楊堅就被留在般若寺中撫養，直到十三歲時才離開。

後來，周武帝毀滅佛法，智仙尼師「內著法衣」，就隱居在楊堅家中，可見他自小就受到佛法薰陶。楊堅即帝位後，便下令修復周武帝滅佛時毀廢的寺院，並允許百姓出家；又令每戶出錢營造經像，京師（長安）及洛州等諸大都邑則由官家繕寫一切經，分別收藏在寺院和祕閣內。從而天下風從，民間的佛經數量比儒家的六經還多。

由於顗師德高望重，開皇十年，即滅陳後的第二年，隋文帝便下詔予顗師，有嘉許、有要求：「恭敬地問候光宅寺智顗禪師。我對於佛教向來十分敬仰崇信。北周武帝毀廢佛法時，我就曾發心立願，以後我有能力的時候，一定全心全力護持佛教。等到我受命於天、當了皇帝以後，馬上著手復興佛教。……大師您雖已離開煩擾的世間之網，不論是自修或隨緣度化眾生時，仍希望您能夠提攜其他僧眾，堅守禁戒，以共同光大佛道。『宜相勉勵，以同朕心』。」

隋文帝共有五子，依次是太子楊勇、晉王楊廣、秦王楊俊、蜀王楊秀和漢王楊諒。楊俊是文帝的第三子，隋朝皇初立時為秦王，並任揚州總管，他亦曾致函顗師，邀請顗師屈身前往揚州。

「揚州」這個地名的由來，據《晉書．地理志．卷十五》所言：「揚州……以為江南之氣躁勁，厥性輕揚；亦曰州界多水，水波揚也。」此地日後與顗師亦頗為有緣。

然而，顗師當時對秦王楊俊派去的使者說：「雖欲相見，終恐緣差。」經楊俊一再力邀，本欲動身，卻連續刮了十多天的大風，而且還有「祆賊」作亂，致使「水陸俱阻」，顗師更加難以成行。

「祆賊」，指的是南北朝時傳入中國的祆教教眾。祆教，原名為「瑣羅亞斯德教」（Zoroastrianism），又稱為「火祆教」、「拜火教」，相傳由西元前六世紀瑣羅亞斯德（Zoroaster）所創。其主要教義為：世界上有光明的善神及黑暗的惡神，兩者是善與惡的根源，雙方反覆鬥爭；光明善神創造了世界、人及火；因此，人們應該棄惡就善，崇拜光明。

至於江南的動亂，後來則由晉王楊廣敉平。楊廣平陳班師回朝後，被父皇授任為并州（今山西太原）總管，統率所屬二十四州軍事。沒過多久，因亡陳故地發生反隋叛亂；因此，開皇十年（五九〇年）十一月又抽調楊廣取代楊俊成為揚州總管，鎮駐江都（今揚州市）。

平亂後沒多久，楊廣就撰迎請文，遣使專程迎接顗師。不同於對楊俊之邀的反應，顗師接到請書後說：「我與大王，深有因緣。」於是隨緣而動，整肅衣裝，順著長江一路來到揚州。

顗師既到揚州，楊廣便製作文書請顗師為他授菩薩戒，卻被顗師婉辭。楊廣受顗師「三辭」——「初陳寡德，次讓名僧，後舉同學」，還是認定只有顗師才能當自己的菩薩戒師。於是，顗師向楊廣提出了「四願」，若楊廣答允，他便授其菩薩戒：

第一，顗師稱自己雖好樂禪法，但是相對於外在的虛名，實在是修證不足；因此，請楊廣勿期待他會傳授禪法。

第二，顗師幾經亂世，如今只願靜修，不喜過多的參與世事；而且，出家已久，不懂世間禮節，擔心自己有所觸犯，希望楊廣莫要求他遵守「規矩」。（或有慧遠大師「沙門不敬王者」之意）

第三，顗師志在傳燈弘法，不可能總是待在同一個所在；因此，為了弘法所需，請讓他能自由去留，並希望楊廣能予包涵。

第四，顗師說自己十幾年來鍾情於山水之間，已習慣清修；如今晉王能護持佛法，他也願意為隋朝盡一己棉薄之力。只是，當他想歸隱的時候，亦請楊廣任他「隨心」。

當時楊廣乃初發心，對於佛門淨戒甚為希求，當然允諾。於是，在開皇十一年（五九一年）十一月二十三日，由楊廣於揚州總管的辦公所在金城殿設千僧齋，顗師為楊廣授菩薩戒。

在受菩薩戒時，一般都要取一法名。顗師對晉王楊廣說：「大王紆遵聖禁，名曰『總持』。」（大王能夠遵奉佛所制定的大乘禁戒，止一切惡、持一切善，可名為「總持」。）

楊廣也讚歎顗師：「大師傳佛法燈，稱為『智者』。」（大師您傳持佛法，使佛種不斷，猶如燈燈續焰，照破迷界癡暗，可尊稱為「智者」。）

《續高僧傳》的記載則為：

（師）告曰：「大士為度，遠濟為宗；名實相符，義非輕約。今可法名為『總持』也，用攝相兼之道也。」

王頂受其旨教，曰：「大師禪慧內融，導之法澤，輒奉名為『智者』。」

自此，智顗禪師便被後世尊稱為「智者大師」。以下行文，就以「智者」或「智者大師」敬述之。

從前述這兩段「對話」來看，似乎是楊廣在受戒的當下就尊稱大師為「智者」了；不過，實際情況似非如此。據楊廣即帝位後命祕書監柳顧言所撰的《國清寺碑》記載，楊廣是在受了菩薩戒之後，認為「師氏禮極，必有嘉名，如伊尹之曰阿衡，呂望之稱尚父」，於是檢閱《菩薩地持經》，見《菩薩地持經．

卷五》云：

菩薩欲學菩薩律義戒、攝善法戒、攝眾生戒者……於智者前，謙下恭敬，長跪曲身，於佛像前，作是言：「唯願大德，授我菩薩戒。」……如是受菩薩戒竟。

這段經文之情境，正好契合其受菩薩戒之經過，楊廣於是賜予大師「智者」之尊稱。總之，楊廣之受戒及其贈予「智者」稱號，亦可能並非同時發生。受戒後，楊廣除了以多件法器資具供養大師，並「回施悲敬兩田，使福德增多，以資家國。」

授戒結束之後，智者大師就出城居住於揚州城外的禪眾寺，就馬上想「西上」——亦即前往荊湘等地。晉王楊廣因為剛剛受完戒，菩薩戒師卻馬上就要離開，心有不捨，便一再地請求大師留下。

但智者大師心意已決。一來，自慧思大師於西元五七七年圓寂後，十多年來一直未能前去拜祭以報師恩；二來，自十七歲父母去世離家後，就沒有再回過家以報地恩（故土之恩）。所以，對於楊廣的請留，大師當然婉言謝絕，並提出當初與楊廣的約定——第三願，為弘法所需，尊重其去留。

雖然如此，楊廣仍派遣柳顧言拿著他的親筆信請求智者大師留下，待到次年的二月十八日，一起先到延陵鎮（今江蘇省鎮江市），然後再到南京棲霞山送別。智者因楊廣的一再請求，又可能因為已近年底，所以就留在揚州的禪眾寺過年。

楊廣自從受戒以後，與智者大師聯繫極為密切；哪怕不在身邊，也是書信不斷。凡是和智者之間的書信往來，都稱「弟子總持和南」或「弟子總持稽首和南」。可見其對智者大師的尊敬及禮遇。

另一位「智者」？

其實，在智顗禪師之前，已有另一位高僧被尊稱為「智者」。

梁武帝對戒法十分重視，親自蒐羅經教，整理戒律，並造立戒壇。他尤其重視大乘戒律，欲以斷食酒肉的大乘戒取代小乘戒，這也符合他「皇帝菩薩」之稱譽。

因為佛法重視傳承，不可虛授，故他禮請當時的高僧慧約法師授戒；梁武帝受戒後，執弟子禮，並囑臣下尊稱慧約為「智者」：「允膺闍梨之尊，屬當『智者』之號」。

不過，因為智顗禪師對於中國佛教的貢獻甚偉，「智者（大師）」便成為其專稱。

第七章　玉泉說法

旋鄉答地，荊襄未聞。既慧日已明，福庭將建，於當陽縣玉泉山，而立精舍。蒙敕賜額，號為「一音」，重改為「玉泉」。

開皇十二年（西元五九二年）二月，智者大師仍待在金陵棲霞寺。智者大師寫信給晉王楊廣，請他成為廬山東林寺和峰頂寺的「檀越」。

「檀越」為一梵漢合併的語詞。原本之梵語為dana-pati，音譯為檀那鉢底、陀那鉢底。「檀那」（dana）意為「布施」，「檀那鉢底」則為旦那主、檀那主，即「施主」之意，指的是布施衣食、財物等予寺院及僧侶，以助弘法者，亦有護法之意。後加一「越」字，意指「越過苦海」，也就是藉由布施以越過苦海而至彼岸。

前面已提過東林寺；至於峰頂寺，則是由梁代法歸法師所創。太清年間

（西元五四七至五四九年），法歸於東林寺之南建立戒壇，成為江南三戒壇之一。智者大師的弟子大志法師於開皇十年（五九〇）參遊廬山，就住在峰頂寺中，日夜讀誦《法華經》。

智者大師以前在廬山時，看到山下的伽藍與驛道相距甚近，來往的人群把伽藍弄得十分混雜；所以才會請楊廣做東林、峰頂兩寺的檀越，下令禁止官民在寺廟停駐，讓禮佛的百姓能夠安心。

楊廣收到智者大師的書信後，馬上依大師所請囑付負責單位照辦。有了這一層保障，廬山的寺院就能安穩地留存及弘法。此乃智者大師和晉王楊廣護持廬山道場之功。

返回故鄉

三月，智者大師又想從棲霞寺啟程出發。楊廣聽說師父又要西行，馬上寫信給智者大師，希望能夠在攝山棲霞寺就近安居，但智者大師沒有答應。楊廣只好命令有關單位準備行裝，派人一路保護西行。不久之後，智者大師就到了廬山，在東林寺結夏安居。

七月時，楊廣派遣官員前往廬山參拜問候。這次楊廣派人參省，其目的有二：一是想念自己的師父，二是時近解夏，楊廣想供養安居眾僧，所以遣官員送了大批鹽及米等物供給智者大師及諸僧眾。

安居結束以後，智者大師首先來到了南嶽衡山，為自己的恩師慧思禪師營辦種種功德，比如誦經、供養大眾等，以報答師父恩德。雖然不在師父身邊，但智者大師對於衡山道場一直非常關心，師徒情分血濃於水。

十二月，智者大師回到了自己的出生地荊州華容，以報答生地之恩。

智者大師想在荊州建立一座寺院，於是在江陵以北約一百公里的當陽縣玉泉山「創立精舍」，亦即創建了玉泉寺，同時重新修葺原有的十住寺。僧俗四眾依智者大師受戒和前來聆聽說法者，共有五千多人，盛況空前。

關羽皈依

創建玉泉寺之初，有一段關於智者大師與「關聖帝君」的傳說。

當陽山原本是屬於地勢凶險的地方，百蟲出沒，野獸橫行。或因當陽地勢險要，自古多有戰爭，亡魂無數。當地對此有一句諺語說：「三毒之藪，踐者寒心。」可見其環境之惡劣。

智者大師剛到當陽時，看見沮水和漳水一帶草木蒼翠茂盛、氣勢蓬勃。一開始想在沮水的支流清溪之處，尋找一塊開闊處作為道場、建立寺院。不過，清溪的地勢比較狹窄，智者大師於是上山來到了金龍池。

在金龍池往北一百多步的地方有一棵大樹，高聳蔥鬱，樹根之處卻是空心的，就如一個天然的小木庵。於是，智者大師就在裡面結跏趺坐，寂然入定。

有一天晚上，天色忽然昏暗陰沉，風雨交加，狂風怒吼；各種妖怪千行萬狀，變化多端；又有一巨蟒，長約十餘丈（三十多公尺），張開血盆大口，不時地向樹洞裡面張望；還有許多妖魔列陣，「炮矢如雨」。這樣的情形持續了七天，智者大師安然禪定，「了無懼色」。

智者大師憐憫地說：「你們的所作所為，都是和生死相應的魔業；如果貪戀執著於過去世所殘餘的一點福報，必定墮落無疑，還不悲痛懺悔？」話一說完，所有的妖魔全都不見了。

依台宗傳人的解釋，此處產生的魔境與智者於天台華頂之「降魔」不同，應只是久住當地的山靈精怪，知道智者大師想在此建立寺院，所以才會變現種種恐怖怪狀，想藉此把智者大師趕離。

又，修習禪定者往往會遇到各種魔境，在智者所述之《摩訶止觀．魔事境》及《小止觀．覺知魔事第八》等書中都有詳細講述。歸納起來，治魔之法有三：起初，觀察呵棄，如守門人遮惡不進；其次，修習者當從頭至足，一一諦觀自身，身心皆了不可得，魔從何來？有何可惱？第三，如果仍觀之不去，即當強心抵抗，以死為期，一心用觀，令道行成就。

群魔退散後，雲開月現，忽然出現兩個人「威儀如王」；年紀較長者鬚髯光采豐厚，年輕者則帶著帽子，英姿颯爽。

兩人來到智者大師跟前，向大師行禮後，長者說道：「在下乃是關羽。漢末紛亂，由於曹魏和孫吳都非正氣所在，所以我秉持義理而稱臣蜀漢，希望能夠幫助劉皇叔恢復劉家天下。不過，當時形勢變化和我等之期望相違，以致於興漢的志向未能成功。我死了以後，憑藉生前的義氣與功業，得以在此山稱王。大德聖師，何以屈尊降臨此地？」

智者大師回答：「我想在此地建立寺院，以來報答生我、養我之一方水土的恩德。」

關羽聽智者大師說想在此地建寺院，便道：「大師慈悲，請哀憫在下的愚蒙無知，垂憐攝受。從這裡過去三十里的地方，有一座山像「覆船」（倒過來的船）一般，土層深厚；我當和我的兒子關平一起建立寺院，勸化供養，護持佛法。請大師安心入定七日，等候寺院建成即可。」

七日後，智者大師出定，只見金龍池的千丈潭水已化為平地；地上所造寺院，屋宇壯麗莊嚴，巧奪天工。或許由於是鬼神運作而成，所以如此迅速，不可思議。

寺院造好以後，智者大師帶領僧眾入住，日夜宣講佛法。

某日，關羽又現身，對智者大師說：「弟子今日得聞出世間妙法，願意『洗心易念』，徹底改變舊時的心念與宿習。希望大師您能為我授戒，永遠作為成就菩提的根本。」

如《華嚴經》云：「戒為無上菩提本，應當具足持淨戒；若能堅持於淨戒，是則如來所讚歎。」智者大師便手拿香爐，為關羽授了五戒，圓滿其心願。

中國有許多佛教寺院供關羽像，由來就在於智者大師曾為關羽授五戒。從此以後，「關公」的聲威德行更加流傳於民間，遠近百姓皆瞻仰禮敬。

智者大師之所以在當陽地區「為關羽授戒」，或此一傳說之形成，未嘗不是出於「撫慰凶靈」、施予眾生無畏的考量，此乃大師之慈悲與方便。

關羽何以成為「武聖」？

其實，關羽之所以成為受到華人萬眾信仰的神明，智者大師之「慈悲攝受」實功不可沒。

依史學家柏楊所言：「拋開《三國演義》這本影響力最大的小說，僅就史書上提供的資料，關羽實在沒有資格在歷史上占據一席之地。他雖然英勇，但事實上不過一個莽漢，既缺謀略，又缺修養，而且心胸狹窄，不識大體。」（《柏楊版資治通鑑》）這是史實上的關雲長。

中國民間有這樣的習俗：祭祀不得善終的敗軍之將，安撫其怨靈以防其作惡。因此，南北朝時期便傳說，關羽在他戰死的荊州民間，化身為怨靈「關三郎」（另一說法為其子關平），地方百姓祭拜安撫之。

至隋代，許多與關羽相關的神話傳說紛紛出現，特別是荊州、襄陽一帶，盛傳著不少關羽顯靈的故事。其家鄉解縣的關廟，始建於隋文帝開皇九年（西元五八九年），其他各地也陸續建起關羽廟。關羽當時在民間的影響力並不太大，其性質尚在神、鬼之間。

當智者大師回到荊州，或許為了安定人心，便將當地百姓所怖畏、祭拜的「關三郎」關羽收為佛教「伽藍護法神」。隨著佛教信仰的散播，經過唐朝的數百年發展，由荊州擴及全國，終於成為中國民間供奉的眾多佛教神靈之一。這是民間的發展。

至於官方，唐朝時仿祭孔之文廟創設武廟，以姜尚（太公）為武聖、亞聖為張良，諸葛亮居於第二等的「十哲」；關羽只是和張飛、周瑜、呂蒙、陸遜、陸抗這些漢末三國名將平起平坐，同樣在第三等的「六十四將」裡。

北宋初年，朝廷重定武廟人選，以「兵敗身死，不克善終」為由，將關羽連同張飛一起請出武廟。

不過，宋代君主多信道教，也熱衷於為民間鬼神加封晉爵。從宋哲宗開始，關羽便獲朝廷封贈，並由侯（後主劉禪謚關羽為「壯繆（通「穆」）侯」）被追封為公，繼而由公封為王；封號也由二字增至四字、六字、八字，身分越來越顯赫，最後成為「壯繆義勇武安英濟王」。

到了宋徽宗宣和五年（一一二三年），又再次調整武廟名單為七十二人；唐朝武廟入選諸人大都被重新請回，當然也包括關羽在內。

北宋時期道教興旺，為了和佛教爭奪影響力，便將一些在民間香火較盛的神靈也被吸納進神仙體系中，關羽這個本土大將當然不容放過。

從宋元的話本及戲曲開始，民間對關羽的崇拜與贊譽日漸高漲，將很多原本不屬於他的事蹟（如「溫酒斬華雄」、「千里走單騎」等）歸於他；到明代的《三國演義》，更將他渲染為幾乎戰無不勝、且又忠義絕倫的英雄。由此可見「大眾文化及傳媒」的威力。

明初仍祀為「關壯繆公」，與岳飛同祀，各地武廟稱為關岳廟。隨著佛道兩教在民間廣泛傳播，到明朝中後期，關廟遍布全國，香火繁盛，甚至超過了官方倡導的孔廟。官方雖也曾建廟祭祀，但祭祀的是「蜀漢前將軍壯繆侯」，並非「帝君」或者「武聖」。

至明中葉以後，全國上下沉溺於道教，明神宗更於萬曆四十二年（一六一四年）把關羽晉封為「帝」：「三界伏魔大帝神威遠震天尊關聖帝君」，讓他與人間皇帝平起平坐，同時也加封岳飛為「三界靖魔大帝忠孝妙法天尊岳聖帝君」。只是，這些稱號乃是萬曆帝個人的宗教行為，所稱尊號更非諡號，只有民間信仰意義。

滿族努爾哈赤為酋長時，與其子孫便熟讀《三國演義》，把關羽當成他們的戰神來崇拜，甚至向明朝請求賜予關羽神像，並稱關羽為「關瑪法」（滿語，即關爺爺；「瑪法」意為「祖」）。

從清朝順治帝入關起，便加封關羽為「忠義神武關聖大帝」。之後的十個皇帝中，先後有八位共十三次封謚關羽，最後變成所謂的「忠義神武靈佑仁勇威顯護國保民精誠綏靖翊贊宣德關聖帝君」。

關羽正式獲得了和孔子並列的官方版「武聖」的地位，不再僅限於民間崇拜。

雍正四年（一七二六年），正式下令將岳飛移出武廟，並追封關羽三代，在全國各地普建關帝廟。關羽因此「被成為」唯一武聖。

待民國創建，又恢復關岳合祀：「關壯繆翊贊昭烈，岳武穆獨炳精忠。英風亮節，同炳寰區，實足代表吾民族英武壯烈之精神。」設立關岳廟，主祀關羽和岳飛。然而，或因關帝信仰的流傳較早，加上岳飛又有幾百年被請出武廟，因此民間仍以崇拜「武聖關公」

較為普遍。

歷史上真實的關雲長雖然並非人人稱許，但儒教因「神道設教」的教化所需，接納民間不斷神化的關羽形象，並視之為「忠孝仁義」的道德模範；又與道教合作，利用其勸善文書，以教化平民百姓。

佛教的促成，也使關羽的地位提高，令其脫離淫祀的行列，進入佛教的殿堂；其在人們心目中不再是邪神怨靈，神格轉而向善，關羽信仰亦因此向全中國乃至於臨近諸國擴散。

從不完美的「人格」，轉化為百業萬民尊崇的「神格」；當吾人禮敬關聖帝君時，或可思考其精神如何昇華⋯⋯

玉泉說法

開皇十三年（西元五九三年），楊廣從揚州回長安的路上，經過陝州（今河南三門峽市西陝縣老城）時，曾經發信至荊州恭迎智者大師。但智者大師並沒有應邀前往，而是繼續留在荊州弘法。

在這次的結夏安居期間，智者大師又於玉泉寺開講《法華》經題，由灌頂大師記錄成文，此即天台三大部之一的《法華玄義》。

智者以「妙法蓮華經」五字收攝全體之佛法，並不是單就《妙法蓮華經》一經之內涵而說，而是基本上認為這部經典含攝了一切經教之圓教，故解釋本經之經名，即可遍觀一切佛經的本質。其方法便是運用「權實」、「跡本」等概念，建立起「五時八教」的教判體系；以《法華經》之一乘圓教收攝佛陀於不同時空的方便教法，由此彰顯其「妙」不可言。

據說，這次宣說《法華》經題，光是一「妙」字就講了九十天，可見智者大師分析之精微；後世引為美談，稱之為「九旬談妙」。（智者如何分析「妙」之一字，請參閱「智者大師的重要著作」一章）

五月，智者大師命弟子智邃寫信給楊廣，主要有三件事：一、把已繪好的玉泉寺圖紙交給楊廣，以便楊廣上書朝廷，使寺院能夠有正式的敕額；二、請楊廣撰寫一篇關於南嶽慧思大師的碑文；三、把一件「萬春樹皮袈裟」獻給楊廣，以便他受菩薩戒後持八關齋戒之用。

「萬春」，即萬年之意。萬春樹皮袈裟是梁武帝時外國進獻的貢品；本有四件，如今只剩一件。智者將其轉贈給楊廣，可見大師對這位俗家弟子之顧念。

對於智者大師的請託，楊廣當然一一照辦。

從這一年春至夏季，天氣乾旱，當地百姓認為是由於金龍池被填成了平地建寺，以致於龍王發怒。於是，智者大師來到溪水發源之處，口誦咒語、手灑楊枝甘露，立即風雨交加、乾旱頓除。老百姓都大喜過望，對大師無不頌揚讚歎。

七月，楊廣把智者大師在荊州建寺一事上奏隋文帝，隋文帝很快地下旨賜名寺額；原號為「一音」，重改為「玉泉」（因「水色如玉」也）。

在開皇十四年（五九四）的安居期間，智者大師則於荊州玉泉寺開講「天台三大部」中的最後一部——《摩訶止觀》。

「止觀」，又可分為「止」與「觀」，乃是禪修的兩種方法或兩個階段。

「止」為梵語 śhamatha 之意譯，音譯為奢摩他、奢摩它、奢摩陀等，又可意譯為禪定、止禪、寂止禪；指的是以專注的力量安定身心，是戒、定、慧三無漏學中的定學。

「觀」則為梵語 vipaśyanā 的意譯，音譯為毗鉢舍那、毗婆舍那等，意指以智慧來觀察，乃三無漏學之中的慧學。

「摩訶」為梵語 maha 之音譯，意為「大、偉大」；以其義理之博大精深，與其他天台止觀法門有別，故稱「摩訶」。

本書乃是智者大師將其證悟以文字般若予以展現，乃是天台獨到的至極觀門。不但盛傳於唐、宋、元、明、清，且普及至日本、韓國，均尊為天台最高法門之實踐。其倡「一念三千」，以眾生日常生活中剎那現前的妄念為所觀，當下便可作為證悟諸法實相之契機。本書論述之詳盡，可說集唐代以前漢傳佛

教禪修法門之大成。（關於《摩訶止觀》及「一念三千」之觀法，詳見本書之「影響」部分）

已故的當代國學大師南懷瑾先生認為，近世學者所著之「佛學概論」，往往只是流於名相之解釋，於學子無甚裨益；在他看來，只有四部著作堪可作為「佛學概論」：《大智度論》、《瑜伽師地論》兩部印度論典，及《宗鏡錄》（唐末五代永明延壽禪師著）、《摩訶止觀》兩部漢地著作，前三部皆為百卷之巨。

這四部著作之所以能作為「概論」，乃是因這四部鉅著皆包括了佛門的整套教理與實踐次第的修行體系，能作為修學佛法之依據；修習了其中一部「概論」，自能對其他經論觸類旁通。

「僅」二十卷的《摩訶止觀》能與其他三部百卷鉅作等量齊觀，可以想見其內容之密實精妙及重要性。

安居結束之後，智者大師就離開荊州，準備回到南方。途徑岳州（今湖南岳陽市）時，刺史王宣武禮請智者大師為其傳授大乘菩薩戒法，主掌編纂撰述的學士曇捷則請講《金光明經》。

岳陽就在洞庭湖旁，許多當地百姓皆以捕魚殺生為業；聽了智者大師宣講《金光明經》以後，深受感化。於是，一郡所屬的五個縣，全都捨棄了原有的殺生捕魚之業，另謀其他生計。

楊廣請法

楊廣從開皇十三年二月入朝述職，直到十五年初春才回到他原來的鎮守之地揚州，馬上遣派使者前去恭迎智者大師回揚州。大師回到揚州以後，住於城外禪眾寺。

六月，楊廣寫信（〈請義書〉）給智者大師，表明自從受戒以後，因為事務纏身，沒有機會修習禪定，因此他想學「慧解脫」、「服膺智斷」，期能以增上慧學來精進佛法，於是殷勤啟請智者大師註解《淨名經》（《維摩詰所說經》）以開發智慧。

在佛經中，最著名的在家學佛者便是《維摩詰所說經》裡的維摩詰居士了。楊廣作為一在家的佛教信眾，或許也以維摩詰居士為在家成道的目標與理想，才會請求智者大師注疏《維摩詰所說經》，期能藉此悟入如維摩詰般神通及說法無礙的智慧。

關於「居士」

「居士」一詞的字面意思為「居住在家者」，古時原是指不願做官而隱居的賢能之士，後來文人雅士亦以此自稱。

佛陀弟子分為出家眾及在家眾，在家眾之梵語為 gṛhapati，音譯為「迦羅越」，又有男女之分：男稱優婆塞（upāsaka），女稱優婆夷（upāsikā）。傳入中土後，便以「居士」作為意譯與統稱，又稱為「白衣」（和出家眾之僧服稱為「黑衣」相對）、「善信」等。
不過，或許受佛教影響，道教也使用「居士」一詞指稱在家學道者，如「詩仙」李白號青蓮居士。
兩宋以來，儒學深受佛教影響，儒士亦大多都通曉佛理，也以居士自稱，例如「唐宋八大家」之一的歐陽修號「六一居士」、女詞人李清照號「易安居士」。

大師最初回信（〈讓請義書〉）予以婉拒。大師於信中謙稱，晉王因他人之過譽而推重智者，但自身實是平庸，因此不敢承擔此重任；若是貿然受命，恐怕會違背晉王的深切期許，而令其失望。若勉力為之，「恐招幽譴」，又對晉王的聖德有損。因此希望晉王改變想法，另請高明。

楊廣接到智者大師的回信後，「恍如自失」，三天後又寫信（〈王重請義書〉）拜託智者大師答允所請。信中提及之前智者大師與金陵高僧的論辯交鋒，以及大忍法師的讚歎；前去荊州，諸多飽學名僧亦莫不歎服。之所以有這樣的功德，完全由於大師依定而發慧，方能辯才無礙。楊廣並強調「學貴承師」，如果不向智者請教，又能夠向誰請教呢？他懇請大師：「唯願未得令得、未度令度，樂說無窮，法施無盡。」

智者無法拒絕楊廣的一再啟請，便著手注疏《維摩詰所說經》。七月時，就把寫好的《淨名義疏》（《維摩經文疏》）第一卷交給他，楊廣為此寫了〈王謝義疏書〉感謝師父。

智者大師一生多述少著，親筆撰寫的著作非常少，《維摩經文疏》則是智者晚年的心血之作，他人生中的最後三年都在專心注疏，並且多次修改，為後學留下了珍貴的思想寶藏。這應可說是楊廣對於天台宗乃至於中國佛教的貢獻之一。

七月，智者大師請楊廣為荊州玉泉寺和修葺後之十住寺的護法，楊廣於次月寫信給當時的荊州總管達奚儒，讓他共同護持寺院。

七月下旬，楊廣曾寫信給智者大師，勸請大師能夠留在棲霞寺，這樣就能夠「朝發暮到」，隨時可請教師父；在信中又說，修習佛道本來重視的就是能夠將心安住於一處，何必煩擾地前往遙遠的天台之地呢？希望大師放棄原有的想法，「屈己為人」。

智者大師則回信說，天台山乃是他寄託終身之處，所以他常囑咐弟子，當大師圓寂時，須將骨灰送往天台：「一旦無常，身充禽鳥，焚燒餘骨，送往天台；願得次生，還棲山谷。」並對楊廣提出請求——將來若是在天台山創建寺院，要向朝廷求賜寺名，還望楊廣屈尊成為寺院的檀越。

在此之前，智者大師亦請楊廣擔任荊州玉泉寺和十住寺的檀越；對於智者的交代，楊廣皆慨然允諾。

八月時，攝山棲霞寺的保恭法師敬獻本寺的園田基業，請智者大師前往居住——這或許是楊廣特意安排的。但智者大師一心回歸天台，所以沒有前往。

九月，楊廣迎請大師入城。見到了晉王，智者大師懇請允許他東還天台。楊廣見大師心意已決，雖然心中不捨，卻也不敢強留，於是智者大師動身返回天台山。

這是大師第二次入天台山，直至圓寂。

第八章　寶塔傾圮

汝問何生者?吾諸師友,侍從觀音,皆來迎我。問誰可宗仰?

豈不曾聞波羅提木叉是汝之師,吾常說四種三昧是汝明導。

天台山當地百姓聽說大師要回來了,紛紛灑掃巷陌迎接;沿途的縣令和州牧,手持幢幡華蓋,交相問候請益。

智者大師於陳至德二年(五八四年)應永陽王陳伯智之請,離開天台山前往東陽;直到大師五十八歲時(五九五年)東歸,前後正好十二年。在這十二年當中,原先的寺院修禪寺荒廢已久,人跡罕至、竹木成林。大師的歸來,自是令天台又恢復昔日氣象。

大師六十歲時,值隋開皇十七年(五九七)。八月,以會稽(今浙江紹興)嘉祥寺吉藏法師為首的百餘僧俗,奉疏請智者大師宣說《法華經》。

吉藏法師乃是中國佛教三論宗（以《中論》、《百論》、《十二門論》立宗）的集大成者，生於南朝梁代、卒於唐初。因為在會稽嘉祥寺長期宣講佛法，名盛一時，被後人尊稱為「嘉祥大師」、「嘉祥吉藏」。

吉藏法師在雖然也聞名於當世，但和智者大師相較，還是屬於後學；所以才會延請大師出山，開演《法華》妙義。

然而，智者大師當時可能已經現疾，所以沒有前往開講。吉藏後來曾聽智者弟子章安灌頂宣說天台宗義，大為歎服，甚至不再輕論《法華》義理。

機用將盡

某一天晚上，明月映照，智者大師獨自打坐；然而，卻好似說法般地喃喃自語，好像有人在跟大師對話一般。

看到這樣的情景，侍者智晞法師當然會覺得奇怪。第二天早上便請教大師：「不知道昨天晚上師父示現的是什麼因緣？」

智者大師便對他說了自己所夢到的三個夢境——

首先夢到的是突然刮起一陣大風，把寶塔給吹壞了。

其次則是夢到有一位梵僧對他說：「點燃柴薪後，要有風的助燃，火才能燒得旺；若以柴薪為機緣，風是助緣，火則為照用。佛法的宣說與行道，亦有機緣、旁助與照用三者。在『華頂降魔』的那個夜晚，我曾經答應『從今以後，自行兼人，吾皆影響』；不久之後，您行道的機緣及照用都已將盡，我的從旁助緣也將息止，所以前來告知。」

第三則是夢見：「恩師慧思禪師和法喜禪師一起前來，讓我說法；我思惟之後便說：『其他佛法的名詞義理，我都能曉了通悟，自我判別，只有三觀三智是當初由師父當面受教的。』說完之後，師父對我說：『你未來要前往的所在已整飾莊嚴、準備很久了，你也差不多該應緣前往，我們特來送行。』」

說完夢境後，大師說：「我回憶起年輕時所做的夢，正應終於此地，所以我總盼望著早日回到天台山；現在得到暗示，應該不久於世了。」

「寶塔被大風吹壞」在此似有某種預示。據《法華經．見寶塔品》所示，「多寶佛塔」出現之時，亦是《法華經》弘揚之始；如今，或因宣說及弘揚《法華經》圓妙義理的智者大師世緣將近，所以有「寶塔傾圮」的夢示出現。

大師又交代：「我圓寂後，應當把我安葬在西南別峰，亦即金地嶺和銀地嶺之間。先在靈龕的周圍累上石頭，然後再種植松柏等覆蔭於墳穴之上。在墳龕前立兩座白塔，使見者能發菩提心。」

沒過多久，他又引用經典裡的譬喻對弟子說：「所謂『商行寄金』、『醫去留藥』，我雖然稱不上智慧敏銳，還是再教你們一些我所體悟的道理吧！」於是又口授《觀心論》。

「商行寄金」，典出《涅槃經．壽命品》：「有年二十五、盛壯端正之人，眷屬宗親，悉皆存在。有人來寄其寶物，語其人言：我有緣事，欲至他處，事訖當還，汝當還我。是時壯人守護是物，如自己有，又輾轉託付親屬。彼人既歸，索還無失。」這是比喻：大心菩薩，悲智雙運；如來堪付大法，永為流傳而不散失。

「醫去留藥」，則典出《法華經．如來壽量品》：「父設方便，權留好藥，復至他國，遣使還告，汝父已死。諸子聞之，心大憂惱，自惟孤露，方即服藥，毒病皆愈。」此段比喻為：佛陀假示入滅，令弟子無可依賴而警醒，進而遵佛陀教導修行，終得證悟。

簡言之，智者大師悲憫弟子，擔心自己圓寂以後，弟子們無所依怙，臨終仍口授《觀心論》，以警惕弟子。

《觀心論》，一卷，別名《煎乳論》。智者大師於臨入滅前有鑑於弘法之人往往多施「加水之乳」，致令聽者失其真味，乃說諸經之根本在於「觀心」一法；內容設三十六問而勸勉實修觀法，甚受天台宗人重視。

十月，楊廣派遣使者入山來奉請智者大師。大師於當天把身邊的物品分別布施給了貧窮者；並在山下標立木樁，用來擬定造設寺院殿宇堂舍的範圍；

畫好圖樣，用來作為以後造寺的標準樣式，並且告誡徒眾：「以後如果造立寺院，一概採用這個樣式。」

有人提出疑問，大師所指定的地方山林溪澗太過險峻，怎麼可能建立寺院？智者大師回答說：「建造這座寺院並非小小因緣所能成就的，而是『王家』之所成辦。」然而，弟子們當時都不明白所謂的「王家」指的是什麼。

第二天，大師隨使者出山，行到石城（今浙江紹興新昌縣）時，身體「氣疾兼篤，不能復前」。楊廣接到消息，曾遣醫生前往探視，並希望大師「小得康損，願徐進路」。

但是，大師這次似乎有所預感；他命弟子智越，先往石城寺掃灑，或許已打算在大佛前捨報命終。

他對智越法師說：「晉王召我相見，我已依約前來；不過，我知道我將命終於此，就不必再往前走了。石城山是天台山的西面門戶，大佛是『當來下生彌勒尊佛』的瑞像；地方既然如此安好，正適宜最後的用功辦道。我的三衣缽具等一切學道的資具，一份供養彌勒菩薩，一份入於僧團充當諸法事之用。」

石城寺，又名寶相寺、新昌大佛寺，位於新昌市城南的石城山谷中，因寺內有石雕彌勒大佛像而聞名。此寺創建於東晉永和年間（西元三四五至三五六年），本名為隱嶽寺，石像的打造則始於僧護。自齊明帝建武年中（四九五年左右），於寺後山崖鑿石造像，歷經僧護、僧淑、僧祐三僧，於梁天監十五年（五一六）方成，故世稱「三世石佛」。大佛像高約十四公尺，世稱「江南第一大佛」。

說完以後，面朝西方向右作吉祥臥，一心專念阿彌陀佛、觀世音菩薩以及「摩訶般若波羅蜜多」（稱名念佛及實相念佛）。

侍者智晞請智者大師用藥時，大師仍不忘教導：「藥能遣病留殘年乎？病不與身合，藥何能遣？年不與心合，藥何所留？」

大師有如維摩詰大士般，藉其病觀機逗教：現在服藥已無法遣除病痛、延長壽命了；而且，地、水、火、風四大所構成的身體本是虛妄無常，病亦無常，並不是施藥就能遣除的。又，依《摩訶止觀》，識心持地、想心持風、受心持火、行心持水；此四心性空無常，依心而立的壽命（年）亦無常，並非用藥便能延續。

智者藉此指點《摩訶止觀．卷八》「觀病患境」。在此章中，大師詳明了「觀病為五，一明病相，二病起因緣，三明治法，四損益，五明止觀。」在治法當中，智者大師明確提出「宜對不同」。因此，不是所有的病都能夠靠醫藥治癒。

大師於入滅前，仍藉智晞進藥的因緣為他開示，使後人能藉病患境通達實相；並告訴智晞，他在《觀心論》中已講得很清楚，就不須再用多餘的醫藥去煩擾他了。

既然不吃藥，總得吃飯吧？於是，侍者智晞「又請進齋」。

智者便又藉題發揮：「非但步影為齋，能無緣無觀，即真齋也。」

「步影為齋」，亦即計算著時間（日影）吃飯，此處乃是指「過午不食」。

智者大師則在此轉語，將「齋」之一字轉為《莊子．人間世》的「心齋」之義：「唯道集虛；虛者，心齋也。」亦即摒除雜念、令心境虛靜專一；而智者所謂「無緣無觀」的「真齋」，則應指「境智雙亡」之不可思議中道觀。

除了教導，大師卻也不忘安慰弟子：「吾生勞毒器，死悅休歸」，認為往生是很自然的世間事，毋須多嘆。

智者大師可謂悲心甚切，自知臨將圓寂，仍隨所觸緣、立為開示，提醒弟子們遵循天台三大部所傳之觀法，觸境觀心，以證入諸法實相。

「吃齋」與「吃素」

在佛教傳入中國之前，在祭祀之前就有「齋」的傳統，即沐浴更衣、潔淨自身，不飲酒、不肉食；如《論語．述而》云：「子之所慎：齋、戰、疾。」至於《莊子》，則又有「心齋」之說。

「吃齋」，嚴格來說應該是「持齋」；許多宗教皆有持齋的傳統，佛教的持齋則為「過午不食」。原因為：佛陀時代，曾有弟子於傍晚托缽乞食，嚇到一位孕婦而導致流產，被人嫌惡；又因如果一天托缽兩次，會減少修道的時間，所以佛陀從此制戒規定「過午不食」，即為「持齋」。

至於「吃素」，往往被等同於「不吃葷」。其實，「葷」這個字是「草」字頭，原義是指一些類似於大蒜、蔥、韭菜的特殊蔬菜；因為吃在嘴裡有異味，古代的道士、士人亦不主張吃「葷」，因為有損風雅。

佛教中的「葷」則是指「五辛」——大蒜、蔥（及洋蔥）、韭菜、薤（蕎頭）、興渠（一種印度植物）；因食五辛除了口氣不佳，據說會刺激情欲，故佛教戒之。至於古代指肉類的詞則是「腥」。

《入楞伽經．遮食肉品》云：「我觀眾生更相啖肉無非親者，由貪肉味迭互相啖，常生害心，增長苦業，流轉生死不得出離。」為培養慈悲心，因此大乘佛教提倡斷絕肉食。因此，現今佛教徒所謂的「吃素」或「素食」，乃是結合「不吃葷」及「斷肉食」，而為「不吃葷腥」，與當代強調健康或環保的「蔬食」又不盡相同。

最後教誨

十一月二十一日，大師造〈發願文〉（收入《國清百錄》第六十四）。這篇臨終發願文的內容主要為兩方面：一是付囑後人要修立三處佛像，包括吳縣的維衛及迦葉二像、鄮縣阿育王塔寺、剡縣十丈彌勒；二是於三寶前發願，若自己今世已對佛法無益，願早入滅。

吳縣，即今江蘇省蘇州市。「維衛」指的是毘婆尸佛（Vipaśyin），又音譯為鞞婆尸、毘婆沙，乃過去七佛的第一尊佛；「迦葉」則是指釋迦佛之前成道的迦葉佛。這兩尊佛乃屬「過去七佛」：毗婆尸佛、尸棄佛、毗舍浮佛、拘留孫佛、拘那含牟尼佛、迦葉佛、釋迦牟尼佛。此中前三佛出於過去莊嚴劫之末，拘留孫佛以下，出於現在的賢劫。

鄮縣（今浙江寧波市鄞縣）的阿育王塔寺，其源於：相傳僧人慧達日夜禮誦祈禱，而有寶塔及舍利湧出；慧達即於該地建精舍供奉舍利寶塔，並精勤禮懺。此為阿育王山舍利殿之由來。

「剡縣十丈彌勒」，便是智者大師臥疾處的新昌彌勒大佛。

智者大師說，這三處佛像，可視為過去、現在、未來三世佛法之示現，能作為眾生之福田；如今這些佛像都已頹敗毀缺、剝落損壞，應予以整建。修復三處佛像的原因則是為了：

先為興顯三世佛法，次為擁護大隋國土，下為法界一切眾生。

因此，大師希望楊廣以及後人能夠重新裝飾修整；並把將來要造寺的圖紙式樣和在石像前所發的願文，全都一併囑託給楊廣。

此外，大師並口述了要呈給楊廣的遺書（收入《國清百錄》第六十五）。待遺書寫完後，大師讓弟子們把室內打掃乾淨，索要三衣缽，放在自己的身邊，並令侍者唱誦《法華經》和《無量壽經》，作為最後的聞思修慧。

聽完《法華經》，大師不無感慨地說，《法華經》宣說諸法實相為體，猶如所有經論之父母，智慧解脫皆由此而生。如來本地久遠、垂跡深廣，登地菩薩於佛本跡壽命，尚所未盡，可知其微妙難測。我深入探究四十餘年，卻發現真正能夠證悟佛陀智慧者並不多。由於眾生沒有根機，我將入於寂滅，「輟斤（斧）絕弦於今日矣」——就如沒有了知音，郢人不再運斧（典出《莊子．徐無鬼》）、伯牙不復彈琴（典出《列子．湯問》）一般。

聽完《無量壽經》之後，大師則讚歎，阿彌陀佛以四十八大願建構與莊嚴西方極樂淨土，只要具足信、願、持名三資糧就能往生，相當簡便易行；但眾生愚迷，很少有人精進確實地修行，以生西方。當地獄的火車之相出現時，若能臨終改過懺悔，一心念佛、「乃至十念」，尚且能夠往生；何況平時能夠認真持戒修慧，精進熏習修行，這般修行佛道的努力是不會落空的。

誦經時，在場的吳郡侍官張達等五人，看見石佛似乎比平常大了好幾倍；光明滿山，直入房內。

誦唱完畢以後，智者大師索要香湯漱口，然後說道：

「十如是、四不生、三觀、四無量心、四悉檀、四諦、十二因緣、六波羅蜜等，每一個法門都能攝持一切法，都能通達心地，直到涅槃無憂惱之處。」

「若能於『病患境』達諸法門者，即『二十五人』，便可寄託法脈。」大師此處又用了「商行寄金」的典故。

「這是我最後鞭策你們修習止觀以及討論佛法，我該趨入最終的圓善寂滅了。」

「十如是」等法門

十如是

典出鳩摩羅什所譯《妙法蓮華經》（為其他譯本所無），「即如是相、如是性、如是體、如是力、如是作、如是因、如是緣、如是果、如是報、如是本末究竟等」。

四不生

典出《中論》，意指：（一）諸法不自生；（二）諸法不他生；（三）諸法不共生；（四）諸法不無因生。

十法界

即「地獄、餓鬼、畜生、阿修羅、人、天、聲聞、緣覺、菩薩、佛」等十界；前六者是六凡，後四者為四聖。

三觀

即天台宗所主張之「空、假、中」三觀。（詳見「智者大師的重要思想」一章）

四無量心

與一切眾生樂，名「慈無量心」；拔一切眾生苦，名「悲無量心」；見人行善或離苦得樂，深生歡喜，名「喜無量心」；對一切眾生怨親平等、不起愛憎，名「捨無量心」。因此四心普濟無量眾生、引生無量之福，故名無量心。

四悉檀

為梵語 Siddhānta 之音譯，意為「成就」。典出《大智度論》：「有四種悉檀……四悉檀中總攝一切十二部經、八萬四千法藏，皆是實相，無相違背。」佛以此四法成就眾生之佛道，故名四悉檀也。

一、「世界悉檀」：又稱「樂欲悉檀」，乃是為了適應俗情，以方便誘導人們親近佛法為目標的教法。

二、「各各為人悉檀」：又稱「生善悉檀」，乃是針對眾生根器不同，隨機說法，以啟發眾生善根，以建立修學佛法信心為目標的教法。

三、「對治悉檀」：又稱「斷惡悉檀」，乃是為了糾正眾生的某些弊端或消除某種煩惱，以導正為目標的教法。

四、「第一義悉檀」：又稱「入理悉檀」，直接趣入諸法實相、究竟解脫，顯示佛法真義的教法；此即是緣起中道法，也就是無自性空。

四諦

即四聖諦（catvāri āryasatyāni），亦即苦（苦的真實存在、無常即苦）、集（苦的原因）、滅（苦的消滅）、道（滅苦的方法）。

十二因緣

梵語 Nidāna，亦稱十二緣起支（pratītya-samutpāda-aṅga），意指從過去世到未來世、生死輪迴過程的十二個環節：

「無明」緣（引起）「行」（身、口、意之造作行為）

「行」緣「識」（眼、耳、鼻、舌、身、意六識）

「識」緣「名色」（名為心——思維，色指色身）

「名色」緣「六入」（亦作「六處」，即六根——眼、耳、鼻、舌、身、意六種感覺之官能）

「六入」緣「觸」（六根與外界「六塵」之接觸）

「觸」緣「受」（六根接觸六塵後而生起苦樂感受）

「受」緣「愛」（因苦樂而有所好惡、愛憎）

「愛」緣「取」（因貪愛而有所執取、追求）

「取」緣「有」（因執取諸境而產生業因）

「有」緣「生」（由業因而於六道中誕生）

「生」緣「老死」（受生之後，又因色身敗壞而衰老、死亡）

如此十二因緣相續不斷、周而復始，此為眾生之「流轉」；經由修習佛法，而得「還滅」證入涅槃：無明滅則行滅，行滅則識滅，識滅則名色滅，名色滅則六入滅，六入滅則觸滅，觸滅則受滅，受滅則愛滅，愛滅則取滅，取滅則有滅，有滅則生滅，生滅則憂悲老死滅。

六波羅蜜

梵語為 ṣaḍ-pāramitā；pāramitā 為「度至彼岸」之意，故又稱為「六度」、「六度無極」，即六種渡過生死苦海、達至涅槃彼岸的方法。分別為：

布施（dāna-pāramitā，檀波羅蜜、檀那波羅蜜）

持戒（śīla-pāramitā，尸波羅蜜、尸羅波羅蜜）

忍辱（kṣānti-pāramitā，羼提波羅蜜）

精進（vīrya-pāramitā，毗梨耶波羅蜜）

禪定（dhyāna-pāramitā，禪度波羅蜜、禪那波羅蜜）

智慧（prajñā-pāramitā，般若波羅蜜）

弟子智朗在身旁，悲痛之餘，再一次請益：「願師父最後還能為我們解疑：不知師父之修為居於何位（不審何位）？將來當生何處（歿此何生）？師父去後，我們應以誰為師（誰可宗仰）？」

對於智朗這三個問題，大師先是警醒弟子：「你們『懶種善根』，現在又來問我功德，就如同盲人問牛奶是什麼顏色一般，你們難以領悟，聽了也根本沒有用處。從今以後，你們應當更加戮力修行才是。」

「如盲問乳」典出《大般涅槃經．卷十三》。其譬喻與「盲人摸象」相近，即以種種比喻，也無法令盲人了解乳的顏色：「是生盲人，雖聞如是四種譬喻，終不能得識乳真色。是諸外道亦複如是，終不能識常樂我淨。」

「責之切」後，大師仍分別回答了智朗的問題——

一、「不審何位」：大師答道，以他的功德，如果不領眾，必然能到六根清淨位；只是領眾過早，因而損了自身修行，如今只達到五品弟子位。

「六根清淨位」及「五品弟子位」皆為未證法身的地前菩薩：依大師所示現的教、觀境界，後人皆認為此乃智者之謙詞，或藉此告誡弟子須精勤修行。印光大師便認為：「智者大師，久證法身；十地等妙，均莫能測。」

二、「歿此何生」：大師回答，「吾諸師友，侍從觀音，皆來迎我。」因有阿彌陀佛之脅侍觀音菩薩來迎，故後人皆推測應往生西方淨土。

三、「誰可宗仰」：智者大師告訴弟子，他往生後，弟子們應當以波羅提木叉（戒律）為師，以四種三昧為明導；就如智者常說的，戒律及四種三昧，能夠——

教汝舍重擔，教汝降三毒，教汝治四大，教汝解業縛，教汝破魔軍，教汝調禪味，教汝折慢幢，教汝遠邪濟，教汝出無為坑，教汝離大悲難。唯此大師，能作依止。

波羅提木叉（Pratimokṣa），意譯「別解脫」、「隨順解脫」、「保得解脫」等，亦即佛教出家眾所應遵守的戒律。若受持五、八、十、具等戒，於身三口四等七支罪分別解脫，故名別解脫。依戒而解脫生死輪迴，順應涅槃境地，故名「隨順解脫」。又，依戒而保得解脫，故名「保得解脫」。如《佛遺教經》云：「汝等比丘，於我滅後當尊重珍敬波羅提木叉，如闇遇明，貧人得寶，當知此則是汝大師。」

四種三昧指的則是前文曾述及之：常坐三昧、常行三昧、半行半坐三昧、非行非坐三昧。

大師更語重心長地提醒：「我與你們，以法為親，是為了傳習佛法而成為眷屬。如果你們不聽教導、不能延續佛燈，那就是魔軍弟子，不是我的法親眷屬了。希望你們能謹記。」

告誡完後，他對維那（統領僧眾庶務者，亦負責領眾梵唱）說：「人將命終時，聽到引磬聲，能增加正念，希望引磬之聲持續，直到我氣盡身冷為止。世間的悲泣及喪服皆不應為，一同正念佛號即可。」說完，大師唱三寶名，結跏趺坐入寂，面色如常，如入禪定一般。

隋開皇十七年（丁巳年，西元五九七年），十一月二十四日未時，一代宗師智者大師辭世，世壽六十，僧夏四十。大師法體，直到第二天依然頭頂溫暖。

有關大師的往生處，在《別傳注》中有一段說明：智者的弟子智晞法師，在晚年將要入滅時，弟子問他將生何處？智晞法師回答：「我在夢中，曾到兜率天，我必生在那裡。」又說，智者大師與左右弟子都在那邊的寶座上，唯獨一張座位空著。智晞法師問智者，為什麼唯獨這座位空？智者回答，六年後，灌頂當來這裡說法，所以先給他留了位。

這一段記錄，說明智者是生到兜率天。然而又有人認為，智者臨終說「觀音大士來迎我」，因觀音大士乃是「西方三聖」之一，應當是歸於西方極樂世界。兜率或極樂，智者大師到底降生何處？

無論兜率或者極樂，按智者大師圓教法門的角度，都是所行無礙的。又，《維摩經》云「唯心淨土」，心若淨時，哪裡不是淨土？不論兜率或極樂，皆是持續精進修行之所在。

智者圓寂後，遺體被送回天台。後人在天台山佛隴建塔，其中有智者大師六角形肉身塔，此塔今日仍在天台山真覺寺中。

智者「六根」

大師於圓寂前三天所口授給楊廣的遺書，乃是大師身後流傳最廣的遺書；從中可窺見大師對自己一生之評價，亦可得知其對楊廣的期許及託付。

遺書前半部分回顧自己於陳隋王朝弘法一生的經歷，並總結為「六恨」，主要述及陳朝時的金陵八年弘法、應邀離江都的種種原因、荊州聚眾講禪的挫折、歸天台後的弘法理想等。

智者所述的「六恨」是平生自行化他事業未能圓滿的六種遺憾——

第一恨述及大師出家的目的和願望。他說自己發心之始，就「上期無生法忍，下求六根清淨」，因此精進修行，希望即生獲得修證。但為盛名所累，因此道行虧損，上負三寶、下愧本心，因此十分慚愧。

第二恨是說，自己受先師之囑，於陳朝金陵八年弘法，但隨自己學習的人，「或易悟而早亡，或隨分而自益」，都沒有利他度眾之才；他對弟子學人中沒能培養出利他之才感到遺憾，覺得有負先師之託。

第三恨則說，自己晚年遇到晉王楊廣的護持，得以與眾多隨學僧人在江都安心辨道；但「學徒四十、餘僧三百」中沒有人真心「求禪求慧」，致使大師感嘆自己與物無緣，化導無功。

第四恨是感慨一生說法，「雖結緣者眾，孰堪委業」。大師於玉泉山講述《法華玄義》及《摩訶止觀》，這時期的玉泉說法乃是創建天台宗最重要的理論活動，所以他說「於湘潭功德，粗展微心」；但是，堪以繼承大師事業的後學僧眾幾乎沒有：「雖結緣者眾，孰堪委業？」這與其說是大師的感嘆，不如說是他對天台宗發展的預見；其中也包括了對楊廣的期待，希望他遵守奉行菩薩道的戒律要求，「普度遠濟」。

第五恨述及，對天台三大部的宣說因受到官府干涉未能完滿。據史料記載，智者在荊州玉泉寺說法之時，吸引數逾千僧俗聽眾：「道俗延頸，老幼相攜，戒場講坐，眾將及萬。」因此引起當局恐慌，恐將造成「社會不安」，法會因而遭到粗暴干涉並被解散，致使法輪停轉，智者對此深以為憾。他把這件事大膽地寫進遺書中，也是向楊廣表示，自己乃至於佛教的聚眾說法，目的是弘揚經教，並不是「有乖（違）國式」的聚謀活動，希望以後楊廣能理解並護持佛法。

第六恨說自己已為晉王撰寫《淨名疏》，本來以為「暮年衰弱，許當開化」，打算有機會為「咸欣聽學」的「吳會之僧」說法；而今「出期既斷」，則示「法緣亦絕」，這是對他一生化緣已畢、無緣再為眾生演說佛法的遺憾。

遺書的後半部分，則對楊廣提出了護持佛法的五點要求——

第一條是智者對楊廣護法的希望。楊廣是智者菩薩戒弟子，智者希望楊廣以菩薩身分多研習佛法，以改善國政。並希望他護持佛法，期待他為以後佛教法門光大之所仰寄；大師則以「命盡之後，若有神力，誓當影護王之土境」作為酬答。

第二條是請楊廣不忘製作南嶽慧思大師的碑頌，以及請楊廣為南嶽大師於潭州所立的大明寺、東晉「彌天道安」於荊州所立上明寺、智者所建玉泉寺等諸寺的檀越主。

第三條是請楊廣發心協助建立天台國清寺，為天台僧團建立一個修持弘法的根本道場。並要求賜給土地、乞公額一名，以保障天台的寺院經濟。

第四條則以對楊廣提出「有米之州，當地輪送，則無此私費」的建議為起始，述及國事，提到發心出家之人稀少難得，當今天下出家眾日益減少，老僧零落。智者分析了此時國家用人的情況說：「昔三方鼎立，用武惜人，今太平一軌，修文修福，正是其宜。」希望楊廣多度人出家，強調「若出家增益，僧眾熾然，則佛法得無量功德」。楊廣之後對此也作了一些功德，他於大業元年（六〇四）十一月，設千僧齋，敕度四十九人出家。

第五條是說末法時代僧眾良莠不齊，請楊廣「王秉國法，兼匡佛教」，「有罪者治之，無罪者敬之」；這是對他這位「總持菩薩」扶植佛教寄予重望，亦可見大師將天台僧團託付於他的高度信任。他深知末法時代僧眾的素質參差不齊，天台僧團也難免存在著佛門敗種，以致危及僧團聲譽，禍患無窮，因此主動請楊廣「有罪者治之」，這已不是戒律中對犯戒者單純的「被擯」、「罷道」

等處治方式，而是要以王法懲處。

楊廣即位為帝後，仍注意天台僧團的修習情況，並常交代他們要如法行道，「勿損先師風望」。

這幾點要求，目的便在於「為佛法、為國土、為眾生」；又，大師認為，佛法光興，則國土眾生俱蒙利益，故五點要求的核心是「為佛法」。大師因此囑咐楊廣能從外在的經濟政治護持、到內部僧眾的出家管理等方面保護天台僧團，為佛教的發展營造良好條件。

國清寺成

智者的一生，除去講經弘道，修行教徒，他盡己所能地保護戰亂中的佛像與寺院，廬山、金陵、荊州、天台的佛教寺、僧都受他恩澤。

根據記載，大師傳法弟子三十二人，得法自行者不可稱數；梁肅的《禪林寺碑》則言：「得門者千數，得深心者三十二人。」

大師一生共建寺院三十六所，並曾說：「予所造寺，棲霞、靈巖、天台、玉泉，乃天下四絕也。」至於這四座寺院中，依《天台山記》所云：「天下四絕寺，國清第一絕。」

棲霞、天台、玉泉，前面都已提過，皆曾作為大師之道場；靈巖寺又有何因緣？

靈巖寺，位於山東省長清縣泰山西北麓，最初天竺僧朗於前秦永興年間（三五七至三五八年）來此說法；由於「猛獸歸伏，亂石點頭」，故名「靈巖」。寺初興於北魏，盛於唐宋。

楊廣曾奉旨到東嶽泰山封禪祭祀，於途中寫信向智者大師問安；當時智者大師應在湖南岳州，並沒有前往泰山。可能由於這個因緣，智者大師才讓楊廣為檀越，重修靈巖寺吧？

大師並造旃檀、金、銅、素（絹畫）像八十萬尊；親手度僧一萬四千餘人；

造大藏經十五藏。

大師於三十年間，僅著一衲衣；所得到的布施，一果一縷，皆作為整個僧團之用。可見大師自奉之儉樸、持戒之嚴謹。

智者大師在弘揚教法的時候，從不預先準備或寫作文章注疏，而是安住於無礙辯才，自然符合經論之義；只在有所機緣和感應時，才會親自撰寫，故大師留下之教法以述作為多。

例如，以《次第禪門》來說，法慎大師的私記本為三十卷，後來再經過章安大師的重新治定為十卷。依智者大師所言，若他親筆撰寫，可以達五十卷左右。可見智者論理之細密通透。

繼大師之後住持天台山寺者為智越法師，弘宣大師之教者則為灌頂法師。隋開皇十八年，智越遣僧使灌頂、普明，帶著《遺書》及《淨名義疏》三十一卷至揚州。

楊廣聽聞喪訊、收到遺書，心中相當遺憾，因此對智者遺書中交代的事一一照辦，對長期充當智者侍者的灌頂、普明也親禮有加，令揚州總管府司馬王弘送二人還山，為智者舉辦千僧法會，並依圖建寺。

隋開皇二十年（六〇〇年），隋文帝楊堅原本立長子楊勇為太子；後來楊勇失寵，改立次子晉王楊廣為太子。

隋仁壽四年（六〇四年）七月，隋文帝駕崩，皇太子楊廣即帝位，是為歷史上著名的「隋煬帝」。十一月，寺遣僧使智璪，奉啟稱賀。

楊廣下旨命揚州五十僧為落成的天台寺命名：「經論之內，復有勝名，可各述所懷，朕自詳擇。」於是，有的以「禪門」之類為名，有的則認為可以「五淨居天」（唯聖人居）——無煩天、無熱天、善現天、善見天、色究竟天——為名。

智璪法師提起智者大師曾經告知昔日高僧預言之事：「當三國成一，當有大勢力者為之造寺；寺若成，國即清。必呼為國清寺。」

楊廣便說：「這是先師的靈瑞預示，就用此為寺名吧！」他於大業元年（六〇五年）登基後，便賜額「國清寺」。

不過，也有人如此解讀：隋煬帝時，國雖短暫富強，但仍未「清」；煬帝被部將宇文化及所弒後，隋恭帝被李淵立為傀儡皇帝，年號「義甯」。義甯元年（六一七年），國清寺所有建築竣工，翌年就是唐高祖（李淵）武德元年；因此，唐代書法家李邕《國清寺碑記》有「事屬皇運，言符聖僧」之句。由此推之，「國即清」的真正含義，或許應是指唐朝取代隋朝？

國清寺不只是中國天台宗之重鎮。唐貞元年間，日本高僧最澄至國清寺求法，回國後在日本比叡山創建了日本天台宗。十一世紀，高麗僧人義天至國清寺求法，又將此宗傳入朝鮮。國清寺遂成為日本及韓國佛教天台宗的祖庭。

後周世宗（西元九二一至九五九年）時，甚為護持佛教的吳越國國王錢弘俶上表「毀佛」的後周世宗柴榮，追謚大師為「法空寶覺尊者」。

南宋慶元三年（一一九七）時，當時的皇帝寧宗趙擴加謚大師為「靈慧大禪師」。

明末的天台宗三十祖傳燈大師（幽溪傳燈），於其所著的《永嘉禪宗集註》序云：「讚者曰：智者具八相以成道，人稱為『東土小釋迦』。」

所謂「八相成道」是指：成佛的時機因緣成熟時，菩薩便會從兜率陀天內院的淨土降生人間、託胎、出生，然後示現出家、降魔、成道、轉法輪、到入涅槃；這八個過程，便稱為「八相成道」。

不只是有如佛陀般具「八相成道」之歷程；智者大師對整個佛法思想及禪修體系之融會、對「一乘」佛法之彰顯、乃至於對中國佛教思想之貢獻，可說「前無古人」，目前亦「後無來者」，「東土釋迦」因而成為智者大師之專稱，誠哉斯譽！無怪乎當代高僧印光大師讚歎智者大師：

支那弘道無二人！

「暴虐無道」的隋煬帝？

拜某些歷史教科書和眾多影劇所賜，說起隋煬帝楊廣來，總之就是「暴虐無道、弒父殺兄」。唐代魏徵等人所撰的《隋書・帝本紀・隋煬帝》有一段是這麼形容他的：「普天之下，莫匪仇讎；左右之人，皆為敵國；終然不悟，同彼望夷。遂以萬乘之尊，死於一夫之手。」

魏徵是唐太宗時有名的諫臣，他說的還會有錯嗎？

當然，依學者揣度，楊廣對智者大師的禮遇，或許是「收買」江南知識分子及佛教界的手段；只是，從其對於智者大師之推崇，以及向大師奉行弟子之禮、對其教誨與遺言之遵行看來，不禁會讓人懷疑：楊廣會是這麼壞的皇帝嗎？

經後人之研究發現，《隋書》及野史還真的「抹黑」了楊廣！

其實，楊廣聰明多智、廣學博聞，其南下平定陳朝，統一南北；攻滅吐谷渾，征討契丹，東征高句麗、琉球，開鑿運河（隋唐大運河是當時世界史上最長的運河），功業顯著，大大開拓了隋朝疆域。

現在來看，最大的貢獻就是打破了世家大族壟斷權力的慣例，興辦各類專門學校、普及教育，甚至完備及推動科舉制度，分科選才，為大批知識分子提供了參政的機會（文官制度），這是中國歷史上極其重大影響極其深遠的大事，被後世史學家許倬雲視為中國傳統文化的「三原色」之一（另兩者為：親緣團體、精耕細作）；亦讓法國著名的史學家布勞岱爾（Fernand Braudel）驚歎，中國如此「原始」的帝制，卻有著現代化的官僚制相伴。

除了「修運河、復長城、立科舉、強集權、去豪強、除後患（高句麗）、威四夷、征西域」外，楊廣還是隋朝具有代表性的詩人之一，例如他的〈飲馬長城窟行〉：「肅肅秋風起，悠悠行萬里……

秋昏塞外雲，霧暗關山月……」，氣勢豪邁、清新自然。其詩風廣闊，既有千軍萬馬出征時的雄壯，又能描寫寧靜的山水景致。

由此可見，楊廣不論是文治武功，皆有不凡之表現。

楊廣失敗的主要原因在於，沒有按部就班地實施政治抱負，而是不顧國家財力，一股腦地全面展開，東征西討、大興土木；進攻高句麗的戰爭，更先後動用人力數百萬，徵調財物無數，大量士兵、民伕死於戰場和勞役。由於農村極度缺乏勞力和耕畜，大量土地荒蕪，社會經濟受到嚴重破壞，導致民不聊生，成為隋末民變的導火線，各地諸侯趁機逐鹿，最後導致楊廣客死江都，隋朝步上敗亡之途，他也被安上「普天之下，莫匪仇讎」的罪名。

至於楊廣的廟號與諡號，隋朝末代皇帝隋恭帝楊侗所上的乃是世祖（廟號）「明」皇帝。迫隋恭帝禪讓的唐高祖李淵，或許為了反襯自己的師出有名，就給楊廣安上「煬」的諡號。

由此看來，「蓋棺」不一定能「論定」——還要看是誰在「論」、是由哪個角度「論」，否則或許會失之以偏概全乃至於「曾參殺人」之謬。

智者大師教法的當代價值

近年來，「正念」一詞相當流行。其作為一種心理療法或性靈活動，幾乎廣泛地被運用在各種人類活動，包括正念呼吸、正念行走、正念進食、正念育嬰與分娩、正念親職教育、正念教學與學習、正念領導、乃至於正念戀愛與婚姻等；從學齡兒童至耄耋老翁，幾乎皆可練習「正念」。

不過，一般人不一定知道、因此容易混淆的是，佛教教義中早有「正念」一詞，其乃是證成佛道之「八正道」（Ārya aṣṭāṅga mārgaḥ，或稱「八聖道」：正見、正思惟、正語、正業〔守戒〕、正命〔謀生方式〕、正精進、正念、正定）之一。

作為心理療法而流行的「正念」，乃是英文 Mindfulness 的中譯，指的是一種轉注於當下、全然開放的自我覺察，不帶有自我批判的心態，改以好奇心和接納的態度，面對每個內心浮現的思維、感受，以及感官的覺受，也就是強調每一個當下的覺察。

正念療法乃是美國麻州大學醫學院的榮譽醫學博士卡巴金（Jon Kabat-Zinn）所提出的心理療法。一九七九年，卡巴金為麻州大學醫學院開設減壓診所，並設計了「正念減壓」課程（Mindfulness-Based Stress Reduction，MBSR），協助病人以「正念」禪修處理壓力、疼痛和疾病，頗獲各方好評。

據卡巴金所言，這種療法乃是源自於佛教的修行。大多數當代心理學領域對正念的研究，都是基於卡巴金的正念減壓療法以及他對正念的定義，並發展出正念認知療法（Mindfulness-Based Cognitive Therapy）和辯證行為療法（Dialectical Behavior Therapy）等相關療法。經過三十餘年的發展，已成為某種「時尚」的心理療法與練習。

《時代》雜誌（Time Magazine）在二〇〇三年八月四日的封面故事是「靜坐的科學」（The Science of Meditation），而在二〇一四年一月二十三日的封面故事則為「正念革命」（The Mindful Revolution），顯示 meditation 及 mindfulness 在西方世界已受到相當的關注。

美國的知名企業，如 Google、Intel、Apple、Facebook 等，紛紛為領導幹部與員工開設正念課程，希望透過正念練習促進同仁身心健康、培養更好的溝通能力、注意力、以及決策力。乃至於職業運動員亦練習正念，藉以在賽前調整身心狀態。

「正念」能如此利益眾生，當然很好；不過，這樣的「正念」雖然「有益身心」，卻只是佛教之「正念」的目的之一，或言初步的作用罷了。

八正道的「正念」（samyak-smṛti），乃是藉由保持思惟的穩定、不散亂，把持善念、善行，放下惡念、惡行，因而形成精進、不放逸的力量。

佛法的正念又或指四念處（住）：「觀身不淨、觀受是苦、觀心無常、觀法無我」，亦即經由消除對於身體、感受、心念、以及除了前三者之外的一切諸法的妄見開始，進而思惟正法，除去不如理的妄想分別，憶持正法，因而得到不受欲望干擾的證道力量。如《佛遺教經》云：

若念力堅強，雖入五欲賊中，不為所害；譬如著鎧入陣，則無所畏。

經過以上說明可知，強調「不加批判地純粹觀察」雖然也是八正道「正念」的一部分，但並未涵括其全部意義。依八正道，正念必須由正見及正思引導，以及以三項社會行為之踐履（正語、正業及正命）為基礎，並與正精進和正定聯合，才能實踐與成就。

換言之，若是忽略對正法之認知、以及相關社會行為之合宜實踐，「正念」便會僅被視為用以改善諸般人類心理煩惱症狀的治療工具，而不會成為「從根本上斷除煩惱的法門」——這才是佛教行者禪修的基本目標。

二十一世紀的知名歷史學家哈拉瑞（Yuval Noah Harari）則認為，「冥想——內觀」乃是當代人類能夠藉以「認識自己」的方法。

哈拉瑞膾炙人口的名著為「人類三部曲」三大冊，分別從過、現、未三個面向，探討人類如何從古早走到現在，以及目前及未來所會面臨的困境與可能性。

在「三部曲」之一的《二十一世紀的二十一堂課》裡，哈拉瑞探索人類目前所面對的二十一項核心課題；而他最後對於人類受到人工智慧（各種演算法與大數據）及意識型態（包括政治與宗教）的框限與宰制所提出的「解決」方法，便是透過「冥想」——內觀，探索自身心靈的奧祕；至少，對自身的深刻觀照，能讓自己在資訊澎湃的浪潮中得以專注、警醒。

天台宗向有「教觀雙美」之稱譽；除了縝密精微的義理，出於智者大師親證的止觀法門，更是中國佛教修學者的至寶；包括禪宗的唐代永嘉大師以及近代的虛雲老和尚，皆受過天台禪法之鍛鍊。

在人類邁入二十一世紀的今天，智者大師於一千四百多年前所述作的《摩訶止觀》與其他禪修述作、以及其強調「觀心」的經論詮釋學，或可作為人類探究自身心靈與精神境界依循之圭臬，歷久而彌新。

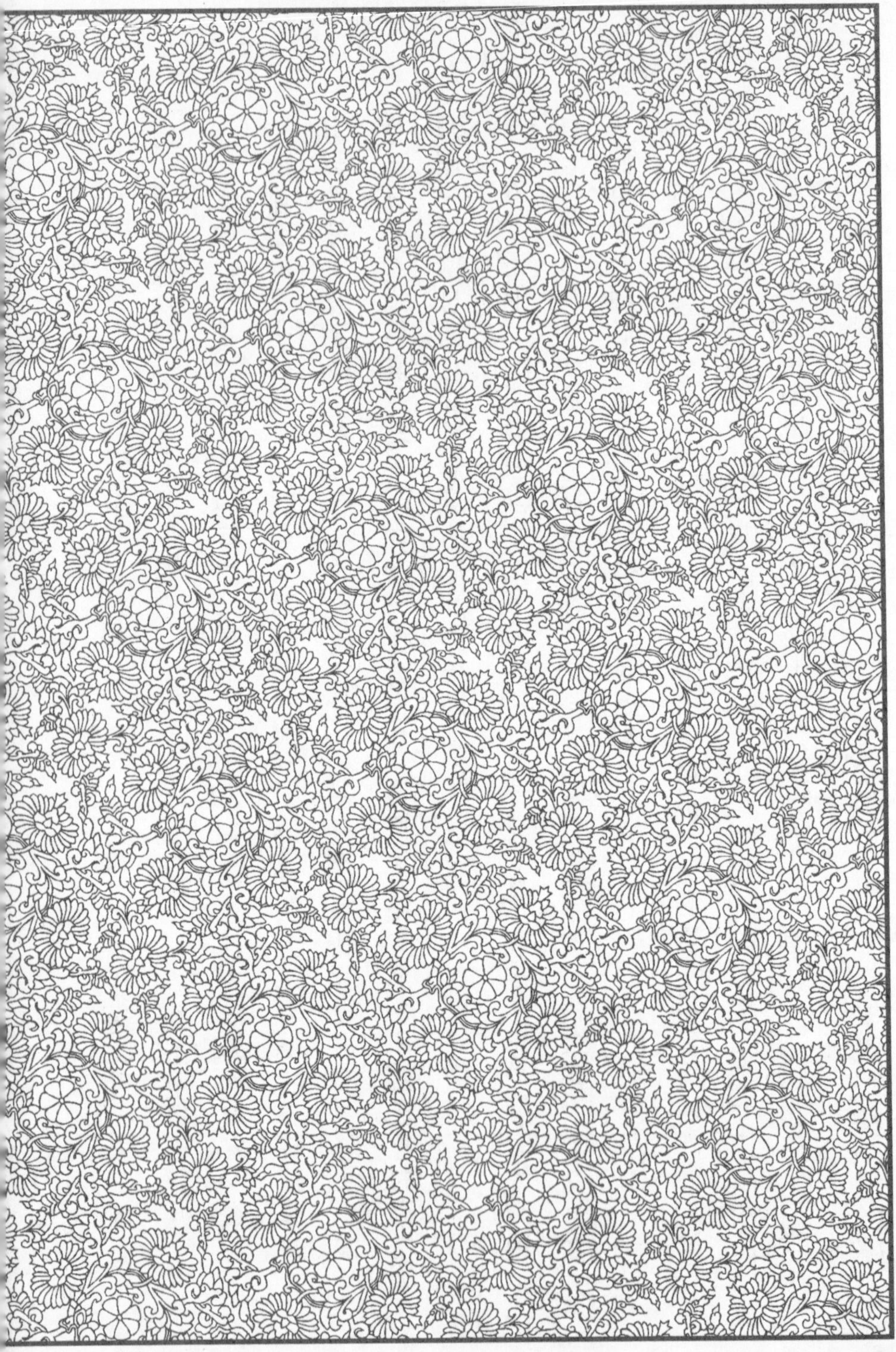

影響

壹・智者大師的重要著作

繫緣法界，一念法界，一色一香無非中道；己界及佛界，眾生界亦然。

被讚歎為「教觀雙美」的天台教學，是智者大師獨創的修行與教學體系。所謂教觀雙美，乃指「教相門」和「觀心門」的特色而論。「教相門」是屬於理論部分，即包攝諸法實相及眾生的本質，而闡明其圓融體系。所謂「觀心門」是屬於實踐部分，乃以智者大師的頭陀（苦行）禪定之證悟，組織為止觀法門之修道體系，藉此證入諸法實相。

佛教不是單以知解為滿足，更不是盲目的修禪，就能到達究竟寶所——無餘涅槃。是以智者大師強調：知解必須配合實踐，故定慧必須相依；單有慧而缺定，則墮於虛空；無慧之定，則盲目無功。是以「教相」和「觀心」，如鳥之兩翼、車之雙輪，必須相依並行，始能轉迷啟悟，斷惑證真，令佛法得以真實受用。

著作一覽

智者大師的教觀思想體系，自是由其「著作」流傳於後世。經學者研究，可分為三個部分——

第一是智者的親筆著作，僅占少部分，包括：受楊廣（隋煬帝）之請，所著《維摩經（淨名）玄疏》與《維摩經（淨名）文疏》，以及《修禪六妙法門》、《法界次第》、《法華三昧懺儀》、《修習止觀坐禪法要》、《覺慧三昧》等。

第二為門下弟子筆錄部分，又可從是否經智者監修來區分。經智者過目並確證者，如《釋禪波羅蜜次第法門》、《摩訶止觀》、《法華玄義》等，應可視為與親筆具有同等價值。此外，亦有灌頂大師筆錄所成、但未經大師鑑證者，至大師圓寂後始編訂成冊，如《法華文句》；此類述作，文責應歸於灌頂大師。

第三是後人假託部分。中外皆不乏這類託名撰寫的著作；究其用意，或許是想藉大師的名望以提高其價值？例如，有關淨土教學之《觀無量壽經疏》、《阿彌陀十疑論》等，都是此類作品。

在智者大師的著作中，最重要者莫過於「天台三大部」。所謂「天台三大部」指的是，智者大師憑其教觀之修證所宣講、由門人灌頂筆錄而成的三部天台根本典籍，乃天台宗教學的根基，包括《妙法蓮華經玄義》、《妙法蓮華經文句》、《摩訶止觀》各十卷（各分上下，或稱二十卷）；因卷帙較繁，故稱天台三大部；因皆與《法華經》有關，因此又稱「法華三大部」、「法華三大章疏」。

天台三大部中，《文句》解釋《法華》之字句，《玄義》建構《法華》之哲理，《止觀》則為止觀法門之實踐。換言之，《文句》及《玄義》主要說教相門，而傍及觀心門；《止觀》則主要說觀心門，而傍及教相門。

除了三大部之外，尚有所謂的「天台五小部」，即《金光明經玄義》二卷、《金光明經文句》六卷、《觀音玄義》一卷（分上下）、《觀音義疏》二卷、《觀無量壽佛經疏》一卷等五部；其中，前四部由門人灌頂筆錄，惟獨《觀經疏》缺筆錄者之名，且古來早有真偽之疑。然而，五部皆有天台宗十七祖四明知禮作疏，宣說天台宗獨步之要義，故與三大部同為天台宗的重要典籍。

智者大師可謂「述作」等身。除三大部另行說明外，其他著述之內容簡略說明如下：

《維摩經玄疏》六卷

本書或稱《淨名玄義》，是鳩摩羅什譯、三卷十四品之《維摩詰所說經》的經題解釋。本經開顯「不二法門」、「不可思議解脫法門」等第一義諦，對漢傳佛教的影響相當深遠。

本書依天台釋經定規，以不思議人法為名、不思議真性解脫為體、佛國因果為宗旨、權實析伏攝受為用、帶偏顯圓為教相，及顯示《維摩詰經》的心具觀、四悉檀等。乃是研究天台教相門的貴重資料。

《維摩經文疏》二十八卷

本書或云《淨名廣疏》、《維摩經大疏》、《維摩詰經文疏》，乃是詮釋《維摩詰經》之著述；可惜至二十七卷「佛道品」而絕筆，其餘六品三卷，是其弟子灌頂的補作。宋代遵式大師，將天台教籍奏請入藏時，卻未將本書列入；降至元、明，更近乎湮滅！

幸於唐代時由鑑真律師請至日本後，得最澄抄寫，藏於比叡山延曆寺。日本寶曆年間（清乾隆十六至二八年，一七五一至一七六三年），由日僧覺常、慧順兩師之努力，刻板刊行，始得再流傳。

《金光明經玄義》一卷（分上下）

《金光明經》，又名《金光明最勝王經》，與《妙法蓮華經》、《仁王護國般若波羅蜜多經》同為鎮護國家之三部經。據傳，《金光明最勝王經》在開顯如來祕密心髓、懺悔業障、積聚福德資糧以及弘揚佛法、護國利民等方面，具有無比殊勝之功德。

本書乃依北涼曇無讖所譯《金光明經》進行經題解說。對作為譬喻法性的「金光明」三字經題加以詮釋，以其統攝一切法，即將迷悟因果之一切法，以三德、三寶、三涅槃、三身、三大乘、三菩提、三般若、三佛性、三識、三道等十種，開顯次第的生起，及四教料簡。更於卷下，以「觀心釋」將上述十種三法一一觀照，彰顯眾生本具佛性之法義。

本書的重要性還在於，宋初曾因本書的廣略兩本，而導致天台山家（妄心觀）、山外（真心觀）長達數十年的論諍。

《金光明經文句》六卷

本書闡明《金光明經》之文句旨意，皆以天台獨創的解釋法，即因緣、約教、觀心等三釋論之，並隨處破斥他師的謬論，及依「三諦實相論」之特殊為焦點。

《觀音玄義》一卷（分上下）

或稱《觀音品玄義》、《觀音經玄義》，為《法華經普門品》現存本中之最古著述。依學者考證，應是《摩訶止觀》之前的作品。在第一列名段，即：人法、慈悲、福慧、真應、葯珠，冥顯、權實，本跡、緣了、智斷等相對之觀念加以闡明。至第四料簡，以質疑問答，對「性具」思想加以說明，更闡「性惡論」之根本義為天台教學中最高法門。

《觀音義疏》二卷

又名《普門品疏》、《別行義疏》、《觀音經疏》。所謂《觀音經》，乃是東晉時代河西王蒙遜因苦於疾病，稱誦觀音聖號獲愈，而令《法華經．普門品》另別行本而流通。

本書便是〈普門品〉之文句解釋，即依四教、三觀，強調觀音信仰，以理論與現行的敘述，乃是研究〈普門品〉的重要義釋。

《請觀音經疏》一卷

《請觀音經》，全一卷，東晉竺難提譯，又稱《請觀世音經》、《請觀世音消伏毒害陀羅尼經》、《請觀世音菩薩消伏毒害陀羅尼咒經》、《消伏毒害陀羅尼經》。

本經記述觀世音菩薩為毘舍離國人民解除疾病困厄，教其稱念三寶及「觀世音菩薩」名號，並說十方諸佛救護眾生神咒、破惡業障消伏毒害陀羅尼咒等。佛陀繼之宣說觀世音菩薩名號及陀羅尼之功德，並說大吉祥六字章句救苦神咒、灌頂吉祥陀羅尼，並對舍利弗開示咒之由來、功德等。

不過，《請觀音疏》對經文中的四個咒語卻隻字未提，其對於本經的核心「大吉祥六字章句救苦神咒」則以六道、六妙、六根等，配合「六妙門」以解之。

北宋知禮大師，依本書而開顯「消伏毒害」的義理，即「毒害是理性毒」，故修德之善惡能斷、性德之善惡本具，此一思想影響了天台宗乃至於中國佛教義理。

然而，本書以及《觀音玄義》、《觀音義疏》等三部是否為智者之述作，學界仍有爭議。

《釋禪波羅蜜次第法門》十卷

本書又簡稱為《禪門修證》或《漸次止觀法門》，乃智者大師之述作。分為十章，但至第七「修證」而止，後三章同《摩訶止觀》未說。

本書的特色為，將印度傳來的「禪定」法門皆涵括為「禪波羅蜜」，由淺入深地次第論述、組織而成，可說是中國禪定學發展史的重要著作，屬於智者大師前期思想的代表作。

《修禪六妙法門》一卷

本書又稱《不定止觀》，略稱《六妙門》。即敘述三種止觀之特色。所謂六妙門，是實踐內觀行的根本，三乘得道之要徑，即：一數、二隨、三止、四觀、五還、六淨等，乃萬行悉由此修發，且能降魔，終得成道。

《修習止觀坐禪法要》一卷

本書或稱《小止觀》、《童蒙止觀》。即是學禪入道之樞機，分為十科，先是二十五方便法，然後再正修、善發、覺魔、治病、證果等。和《六妙門》合為禪修必備之典籍。

《禪門要略》一卷

本書是修禪學慧之明示法門，先明五法（二十五方便），後修止觀，即於禪坐中實踐三止三觀、從禮佛中修一心三觀。

《禪法口訣》一卷

本書或稱《禪門口訣》，是大師於諸弟子們禪坐時指點的教誡，乃坐法、息法的片斷集成，但特別以調治病患為主。

《覺意三昧》一卷

本書具稱《釋摩訶般若波羅蜜經覺意三昧》，共六章。所謂《覺意三昧》，於《大智度論．卷四十七．釋摩訶衍品之百八三昧第七十二》云：「得是三昧，令諸三昧變成無漏，與七覺相應。」

其強調心相之觀察方法，即四運心（未念、慾念、正念、念已）推檢的要徑，並提點修學者欲解脫生死、證涅槃樂，必須了知出塵的要法。本書乃是天台止觀及大小乘禪法之綜合。

《四教義》十二卷

本書包括化法四教（藏、通、別、圓）釋名、所詮之辯、明四門入理、明判位不同、明權實、約觀心、通諸經論等七科。本書乃屬《維摩經玄疏》中「釋名」內的一科段，古來有四卷、六卷、十二卷等三種版本，唯寫本不同之區別而已，內容卻無增減。但明朝崇禎六年（一六三三）版的六卷本，卻缺第五權實以下。

《三觀義》二卷

本書為敘述「空、假、中三觀」之玄義，分為七章：一釋三觀名，二釋三觀相，三對智眼，四會乘義，五明攝法，六釋成淨名義，七用三觀釋此經一部義。本書和《四教義》同為《維摩經玄疏》的一部分，不知何時別行為單行本。

《法界次第初門》六卷

本書又稱《法界次第》，是將諸經論中——尤以《大品般若經》與《大智度論》為主，法相生起之次第予以論述，並為觀心入理的初學者特撰三百科，茲以名目相同的略為六十科；如為磨練三觀之修行階程，必先知名目之含義。

《法華三昧懺儀》一卷

本書是法華三昧之方便與正修行儀，全題為《法華三昧行事運想補助儀禮法華經儀式》。分為五科：一、明三七日行法華懺法勸修，二、三七日行法前方便，三、正入道場三七日修行一心精進法，四、初入道場正修行方便，五、略明修證相。

《方等三昧行法》一卷

《方等陀羅尼經》，北涼法眾譯，又稱《方等檀持陀羅尼經》、《檀持陀羅尼》。內容敘述如來應文殊師利菩薩之問，宣說諸種陀羅尼功德，詳明修懺行道、滅罪增壽、善惡夢應等種種事相。本經向以講說菩薩之二十四重戒及闡明聲聞之授記作佛而著稱。

本書即依《方等陀羅尼經》所云之方等三昧，說明諸般行法。

《觀心食法》一卷

本書是以觀法受食，成為般若時而顯明三觀，引《維摩詰經》云：「非有煩惱、非離煩惱，非入定意、非起定意，名為食法。」

《觀心誦經法記》一卷

本書宣說，欲誦經滅罪的修學者，必須用一心三觀、十乘觀法，才能成就聖果，內容和《觀心誦十二部經》頗似。

本書被日僧慈覺、智證師所請至日本者有細注，為灌頂大師作。故現在的流傳本，有智者大師和灌頂大師的兩種流通版本。

《觀心論》一卷

本書是智者大師圓寂前之遺誡，以勸勉修習四種三昧為主旨，故云《觀心論》。又稱《煎乳論》；因恐弘法之人，為利益眾生故，而「多施加水之乳」，令法失其真味，故作此論。

本書共三十六偈分為十章，內容為：呵斥法、禪、律等三種師，勿為名利而破佛法；故凡是修學佛法者，必須觀察自心、護持道心。

智者大師另有懺法三篇：〈方等懺法〉、〈請觀世音懺法〉、〈金光明懺法〉，收錄於灌頂《國清百錄．卷一》。

至於經學者考據所指出的託名之作，則包括《四念處》四卷、《菩薩戒經義記》二卷、《金剛般若疏》一卷、《仁王經疏》五卷、《禪門章》一卷、《五方便念佛門》一卷、《天台大師發願文》一卷、《普賢菩薩發願文》一卷、《阿彌陀經義記》一卷、《阿彌陀十疑論》一卷、《觀無量壽經疏》一卷。其中，《阿彌陀十疑論》（又稱《淨土十疑論》、《阿彌陀經決十疑》）及《觀無量壽經疏》雖被疑為偽作，卻頗受後世淨土宗重視。

通過天台三大部，可了解智者大師如何詮釋《法華經》，以建立流傳千古的天台思想；然而，因為三大部名相繁複、脈絡精微，以下僅能擇要說明。

《法華玄義》

智者宣說《法華玄義》據說有兩次：第一次是陳光大元年（五六七），在金陵瓦官寺；第二次是隋開皇十三年（五九三），在荊州玉泉寺為灌頂所講。

現行本為第二次講說的記錄，成書於仁壽二年（六〇二）。北宋天聖二年（一〇二四），由遵式奏請入藏。

《法華經》為智者大師建構其圓頓教觀思想所根據最重要經典，本書便是針對鳩摩羅什所譯《妙法蓮華經》之經題「妙法蓮華經」五字，以五重玄義論述，以通別兩重予以解釋，旨在闡明《法華經》的經題及教相，以開權顯實、開跡顯本，闡明法華一佛乘開粗顯妙、純圓獨妙之要旨與殊勝。

透過本書對《法華經》之圓妙詮釋，以及五時八教教判思想的建構，智者大師建立了恢宏的天台宗教觀學說體系，確立了法華一乘究極圓滿的殊勝教義。

因此，《法華玄義》實應視為智者依其一生窮究佛法之心得所完成的「佛學總綱」，而不只是經解類之著作。天台宗以降成立的中國佛學宗派，乃至於日、韓佛教（如日本天台宗與日蓮宗），可說無不受其影響，或是須回應其產生之問題（如唯識宗及華嚴宗）。

本書的注釋包括：唐代湛然《法華玄義釋籤》二十卷（臺灣有慧嶽的新式標點本），宋代法照《法華經玄義讀教記》五卷、從義《法華玄義補注》三卷。本書的節本則有明代傳燈《法華經玄義節要》二卷。

此外，相關的撰述有：唐代湛然《法華經玄義科文》五卷，宋代善月《法華大部妙玄格言》二卷、有嚴《法華經玄籤備檢》四卷、智銓《法華經玄籤證釋》十卷，清代靈耀《法華經釋簽緣起序指明》一卷，當代則有李志夫先生編著的《妙法蓮華經玄義研究》。

「七番共解」與「五重玄義」

《妙法蓮華經》，梵文為 Sad-dharma Puṇḍárīka Sūtra。Sad-dharma，中文意為「正（妙）法」，Puṇḍárīka 意譯為「白蓮花」——以蓮花（蓮華）出淤泥而不染，比喻佛法的潔白、清淨。智者大師則將此四字分別解釋，以其獨步的

「漢傳佛教詮釋學」，建構起宏闊而精微的天台宗思想體系。

智者大師建構《法華玄義》的方法，可分為「通釋」——「七番共解」與「別釋」——「別解五章」兩部分。「通釋」是為了檢視《法華經》與其餘諸經的共通之處；「別釋」則為通釋的延伸和擴展；換言之，「別解五章」專注於深度，「七番共解」則形成廣度。

「七番共解」指在說明「五重玄義」作為解經方法所具的意義、以及欲達致的目的，藉此通釋一部經典之大綱：

第一番標章，內分列「釋名、辨體、明宗、論用、判教」五章的名稱及其要義；

第二番引證，援引佛語來證明建立五章的根據；

第三番生起，闡明五章從粗到細生起的次第；

第四番開合，作五種、十種及譬喻等三種開合，以便清楚地解釋《法華經》；

第五番料簡，討論有關五章的異議；

第六番觀心，令前五番一一都入觀心一門；

第七番會異，會釋五章與四悉檀的同異。

至於其智者之用意，則在於以這樣的思惟方式引導讀者入解脫門。如《法華玄義．卷一》云：

「標章」令易憶持，起念心故；「引證」據佛語，起信心故；「生起」使不雜亂，起定心故；「開合」、「料簡」、「會異」等，起慧心故；「觀心」即聞即行，起精進心故。五心立，成五根（信、精進、念、定、慧），排五障（邪信、懈怠、邪念、亂想、見思惑），成五力（名稱同五根），乃至入三脫門（空、無相、無作）。

「七番共解」雖可視為研究經論或學術的通用方法：訂定主題（標章）、引用佐證資料（引證）、安排章節順序（生起）、組織論證（開合）、對有疑之論點予以釐清（料簡）、將有矛盾的觀點加以整合（會異）。但智者大師又將「觀心」融入，令這些研究方法亦可作為實踐與禪修之方法，在「七番共解」的過程中，令修習者透過文字亦可悟入「空、無相、無作」的解脫境界。真可謂將「文字般若」發揮得淋漓盡致。

智者在本書中，首立「五重玄義」的經義詮釋方法，以名、體、宗、用、教五章——此即「五重玄義」來統領整個《法華玄義》，五章既是詮釋《法華經》的體例，組織整個文本的架構，也是文本所要闡述的宗旨。

五重玄義的每一重分別如下——

第一重「釋名」

為全書重心所在，從卷一下後半部分開始到卷八上前半部分，以「妙法蓮華經」五字，暢說全部佛教之奧義。其中又分為四層：

一、判通別：以「妙法蓮華」為別名，而「經」為通名。

二、定前後：為便於析義，先釋「法」後解「妙」。

三、出舊：略舉道場慧觀、會稽基（法華寺基）、北地師、光宅法雲等四家的舊見解。

四、正解《妙法蓮華經》經名，重點在於解釋「法」、「妙」二字。

第二重「辨體」

闡明《法華經》的思想根本，以「一實相印」為體（諸法當體即是實相妙體）；妙有、真善妙色、實際、畢竟空、如如、涅槃、佛性、如來藏、中道、第一義諦等，都是實相的異名，眾經、諸行、一切法都以實相為體。

第三重「明宗」

闡明《法華經》之宗旨，乃是佛陀開權顯實、以一乘因果為宗。

第四重「論用」

闡明《法華經》對眾生之效用，分為「明力用、明同異、明歷別、對四悉檀、悉檀同異」等五段。

第五重「判教」

判明佛陀所說一切經典的地位和特色，分作「大意、出異、明難、去取、判教」等五段。

在教相判釋上，智者大師首先批判南北朝時「南三北七」的舊說，次立天台宗「五時八教」的教判，而判《法華經》為超越八教的純圓獨妙，並以涅槃五味中的醍醐為喻。其關於「南三北七」諸師的判教說明，乃是佛教史上的重要記錄。

「五時八教」的「五時」為：華嚴時、阿含時、方等時、般若時、法華涅槃時，乃是佛陀教法先後之順序。「八教」則是，依根器小大分為「化法四教：藏、通、別、圓」；依應機之不同分為「化儀四教：頓、漸、祕密、不定」。因天台之判教方式相當重要，影響深遠，謹將這部分放在下一章「智者大師的重要思想」裡介紹。

智者以「妙法蓮華經」五字收攝全體之佛法，並不是單就《妙法蓮華經》一經之內涵而說，而是基本上認為這部經典含攝了一切經教之圓教，故解釋本經之經名，即可遍觀一切佛經的本質。

智者對「妙、法、蓮、華、經」五字的闡釋，並非如字典般地說明，而是藉由每一個字，開顯《法華經》所涵蘊之圓妙一乘思想。以下先說明篇幅較簡的「蓮、華、經」三字，之後再說明「法」與說明最為精微的「妙」字。

解「蓮」、「華」、「經」三字

由梵文原文看來，「蓮華」原本只是一字（Puṇḍárīka），智者則將其分開解釋，並以其作為「權／實」、「跡（迹）／本」之譬喻。

適宜於一時的教法稱為「權」，又為方便教，意為權變之教，即佛隨順眾生意，以方便權謀所施設之教門。因眾生根機未成熟，須由淺入深，逐漸導人覺悟，而採取種種權宜方便。

究竟而不變的教法，則稱為「實」，又稱為真實教，意為真實究竟之教，即佛隨自意內證之實義而發揮之教法。

智者以「華（蓮花）如權法，實（蓮蓬、蓮實）如實法」，而以「為蓮故華，華敷蓮現，華落蓮成」十二字描述「蓮」與「華」之間的變化，用來譬喻權、實之間的關係：

一、為蓮故華，譬為實施權；文云：「知第一寂滅，以方便力故，雖示種種道，其實為佛乘。」

二、華敷譬開權，蓮現譬顯實；文云：「開方便門，示真實相。」

三、華落譬廢權，蓮成譬立實；文云：「正直捨方便，但說無上道。」

「權／實」乃是就佛法上談，「跡／本」則主要從「真實之如來法身」（本—蓮）與「垂跡應現教化之如來應化身」（跡—華）之分別而立說：

一、蓮譬於本，華譬於跡，從本垂跡，跡依於本；文云：「我實成佛來，久遠若斯，但教化眾生，作如是說：我少出家得三菩提。」

二、華敷譬開跡，蓮現譬顯本；文云：「一切世間皆謂今始得道，我實成佛來，無量無邊那由他劫。」

三、華落譬廢跡，蓮成譬立本；文云：「諸佛如來，法皆如是，為度眾生，皆實不虛。」

智者以蓮與華為譬喻，論述佛陀與佛陀教法之權實、跡本，並於每處皆引用《法華經》以為經證，這是智者對本經經名何以採用「蓮華」為象徵之高妙而深刻的詮釋。吾人可說，在智者的思想裡，「權實」、「跡本」不但僅是屬於《法華經》的重要經義，權實與跡本的內涵更遍及每部佛經；換言之，蓮華之譬不只能用於詮釋《法華》，權實與跡本可作為理解、詮釋佛經以及判教的重要依據。

至於「經」字，則展現了智者如何就各面向去解釋一部經典。在梁朝寶亮法師所集的《大般涅槃經集解》裡對經之一字有所解釋：「胡言修多羅，含有五義：一能生，二微發，三湧泉，四繩墨，五華鬘。」智者或許參考寶亮之集解，亦從「法本、微發、涌泉、繩墨、結鬘」五個方面予以說明——

「法本」言佛法之根源問題，「微發」指佛法由淺而深的次第性，「涌泉」譬喻教法如湧泉之源源不絕，「繩墨」指佛典皆具四悉檀為說法原則，「結鬘」則指四悉檀所具有的組織性。

以此觀之，「法本」等五義，並非單就《法華經》而說，而是一切佛經的普遍形式。

解「法」字

首先，智者就佛教之「法」的內容提出討論。「心、佛及眾生，是三無差別。」是《華嚴經》中的著名經句；依智者的詮釋，眾生法足以含括心法之據因及佛法之據果，通該因果一切諸法。如《法華玄義．卷二上》云：

今依三法，更廣分別。若廣眾生法，一往通論諸因果及一切法；若廣佛法，此則據果；若廣心法，此則據因。

智者將佛教定位為以「眾生法」為中心。佛教的「眾生」包括四聖六凡等十法界，佛教哲學不是單以人類為中心，是以「以眾生法為中心」的思想。就解脫之因果觀來看，「心」及「佛」，是因果之兩端，而同時兼具這兩端，而在凡聖迷悟之間起伏流轉的就是「眾生」；因此，智者特別注意「眾生法」；換言之，因果便即含攝了一切諸法。

首先，「眾生法」體現了法的廣度，其具體內容則為「十如是」：如是相、性、體、力、作、因、緣、果、報、本末究竟等。此十如是與六道四聖的十法界（地獄、餓鬼、畜生、人、天、阿修羅、聲聞、緣覺、菩薩、佛）緊密結合，每一法界皆具十如是，故十法界具百如是。

不只如此，每一法界亦各具其他九法界，如此則成為「百界千如」。「十如是」、「百界千如」等思想為智者的重要理論，於下一章再進一步說明。

其二，「佛法」是從法的高度來說的。十法界和十如是分成權和實。就權而言，每一法界都是不同的，九法界是權、佛法界是實；就實而言，所有的法界及其十如是都是一實相。根據智者的理論，所有法界都具佛界之性，乃非權非實、包容全體。

其三，「心法」則從法的深度契入。心法契入法的所有方面，對眾生法、佛法和心法不加區分，故心法收攝佛法和眾生法。智者在三大部皆設「觀心」，可見其對於心法之重視。《法華玄義．卷二》即云：

> 前所明法，豈得異心？但眾生法太廣、佛法太高，於初學為難。然心、佛及眾生，是三無差別者，但自觀己心則為易。

解「妙」字

Sad-dharma 一字，竺法護譯為「正法」，鳩摩羅什則譯為「妙法」。為何有這樣的轉折？吉藏大師於其《法華玄論》中有所說明：

> 什公「正」改為「妙」者，必應深致，今當試論之。「正」以對邪受稱，「妙」以形粗得名；以九十六術為邪，五乘之法為正，斯則正名劣也。五乘雖正，猶未妙極；雖有一乘為無上，則妙名為勝。故改前翻用後譯也。

簡單地說，吉藏以為，相對於印度九十六外道而言，五乘（人、天、聲聞、緣覺、菩薩）佛法可名為「正」；但此一「正」字，無法呈顯《法華經》「究竟一乘」之義理，因此代之以「妙」字。

而此一轉譯，正好讓智者大師得以透過此一「妙」字，充分開顯《法華經》義理之高明精微。

在各別解釋經題五字之前，智者先就本經在因、果上各有體廣、位高、用長等三義，來通論本經之異於餘經而為「妙」的道理：

> 因具三義者，一法界具九法界名體廣，九法界即佛法界名位高，十法界即空、即假、即中名用長；即一而論三，即三而論一，非各異，亦非橫，亦非一，

故稱妙也。果體具三義者，體遍一切處，名體廣；久已成佛，久遠久遠，名位高；從本垂跡，過、現、未來，三世益物，名用長；是為因果六義，異於餘經，是故稱妙。

因義之體廣、位高、用長，主要是立於九法界相對於佛法界而說明二者之相即圓融；因為九法界是尚未成就佛果的其餘眾生，故就此立場上說它是因義。至於佛法界，則是九法界眾生所成就之果；故單就佛果而言，果義三妙是佛果本身的體廣、位高、用長之妙。

由上述因果六義，更可證明智者立於佛教解脫學的立場來建立佛學總綱的基本態度；亦開顯了《法華經》於因果二義之妙。

智者對經題「妙」之一字的解釋，又分為「通釋妙」和「別釋妙」兩部分。

一、「相待妙」與「絕待妙」

在「通釋妙」部分，又分為「相待」與「絕待」。「相待妙」之妙與權（粗）教相對而存在。權教是帶方便之「半字教」，「但隨他意語，非佛本懷」，故是粗妙。「絕待妙」是不帶方便之「滿字教」，「暢如來出世本懷」，無需與權教相對，「不因於粗而名為妙」。

這就意味著《法華經》乃佛陀最究竟之說教，會聲聞、緣覺、菩薩三乘入一佛乘，超越粗、妙兩邊，離言絕慮、不可思議，因此為「絕待妙」。「絕待妙」又分為藏、通、別、圓四教不同之絕待妙。相對餘三教之絕待妙，藏通別三教尚是「有可待、有可絕」之妙，而圓教的絕待妙是「無所可待，亦無所可絕」之妙。

因為，藏、通、別三教尚在世俗語言名相思惟上打轉，凡是名言思惟必有所對，必有所待，故其絕待乃是相對之絕待，而非絕對的絕待；圓教則為真正絕對之絕待，是離於名言與思惟的。

智者認為，真正的絕待妙，除了絕言絕思之外，甚至連「絕」、「待」的言辭也都應該捨棄。智者之圓教絕待妙，實有如維摩詰之「一默如雷」。

二、「跡門十妙」與「本門十妙」

心、佛、眾生三法，都具備相待、絕待二妙，更開跡門（如來從久遠之本，以垂近成之跡）、本門（如來開近成之跡，以顯久遠之本）兩種十妙說明之，此即「別釋妙」。

「別釋妙」部分以大量篇幅詳盡地闡述了《法華經》中本門和跡門中的十妙。本、跡二門十妙可說是智者為建立一個無所不包的、完整而前後一致的佛學體系所發展出來的；總而言之，智者大師乃是從兩個層次、各十個面向來解釋《法華經》的妙理，藉以闡明開顯圓教思想的《法華經》，可說無所不妙。

智者首先分為「六重本跡」，意即「本／跡」可由六個層面顯現，包括「理事本跡、理教本跡、教行本跡、體用本跡、實權本跡、今已本跡」，然後分別說明跡門與本門之妙。

【跡門十妙】

「跡門十妙」一章是智者用力最勤、內容最豐的部分。十妙即境妙、智妙、行妙、位妙、三法妙、感應妙、神通妙、說法妙、眷屬妙以及功德利益妙。至於跡門十妙之次第，亦不是隨意比附編排。如《法華玄義．卷二上》所云：

實相之境，非佛天人所作，本自有之，非始於今，故居最初。

既迷，故起惑；解理，故起智。

智為行之本，因智之目，而起行之足；

目足及境之三法為乘，乘於此乘，入清涼池，登諸位。

位住于何所？則住在三法祕密藏中。

住是法已，寂而常照，照十方界之機緣，來則必應，

若赴機垂應，先以身輪之神通駭發之，
見變通已，堪於受道，即以口輪說法開導。
既潤法雨，則稟教受道。而為法之眷屬。
行眷屬行，拔生死之本，開佛之知見，得大利益。

(一) 境妙

為智妙所觀照的宇宙諸法(境)，概括為十如是、十二因緣、四諦、三諦、二諦、一諦、無諦七科。「十如是」等境都是圓融不可思議的妙法，只有佛才能窮盡，所以稱為「境妙」。

這一妙反映了智者為使佛法體系化所作的努力；他將這些範疇以他自己的判教思想體系加以詮釋，即修學者對每一類真理的認識都有藏、通、別、圓四個層次的深淺不同。

（二）智妙

智能顯理，而「智妙」必待境之融妙方能稱之，故智者對境論智妙，而總結出了「世智」乃至「妙覺智」等藏、通、別、圓等四組二十種智。

智者認為，四個對真理境界的認識層次乃源於此四組智慧。

（三）行妙

用智妙觀察境妙的修行，包括一行三昧、止觀、聞思修或戒定慧、四念處、五門禪、六波羅蜜、七善法、八正道、九種大禪、十境或十乘觀法等，行行無通，一行即一切行。

至於智者稱為「如來一行」者，則是「圓具十法界，一運一切運」。智者描述「如來行」的特色是三與一的等同，「即一而三，即三而一；一空一切空，一假一切假，一中一切中。」

（四）位妙

為妙行所契的階位，有十信、十住、十行、十回向、等覺、妙覺等。總攝了佛教裡所有的修行證果的理論。

修行的果位又以草木為喻，共有三草、二木及最實等六種，從低到高，次第而上，根據修行的層次不同而得不同的果位。

簡單地說，「小草位」屬人天乘位，「中草位」屬二乘，「上藥草位」屬三藏菩薩位，「小樹位」屬通教三乘，是聲聞、緣覺、菩薩共同擁有之位。「大樹位」屬別教位，指五十二菩薩位。最高的「最實位」則屬圓教位，亦指五十二位，乃是就圓教而論之位，故與別教之位在意義上有根本不同。

（五）三法妙

妙位所住的「真性、觀照、資成」三法，也就是三軌（軌範、法則）：真性軌是果位的境妙，即真實有法體；觀照軌是果位的智妙，即破惑顯理的智用；資成軌是果位的行妙，即彼此相依起用的萬行。名字雖然有三種，只是一大乘法。前面所說的諸諦（境）即是真性軌的相貌，諸智即是觀照軌的相貌，諸行即是資成軌的相貌，而各種妙位只是修行此三法所證果位。

依智者所言，諸法皆妙，並非只此三法，一切三法亦復如是，三軌、三道、三識、三因佛性、三菩提、三大乘、三身、三涅槃、三寶、三德等，彼此同一意義，自他類通，所以稱為三法妙。

智者的「三軌」理論則是先揭示眾生本具之實相為一切修行之根本，依此而能起觀照智慧，依智慧而生起修行。這就直接契入了眾生得以依教修行證果的根據：修行之因即已包含了修行證果的必然性，因果連貫始終。因此，智者的三軌理論，可說是統攝性因和結果的以成佛為宗旨的圓滿教理。

此十種三法是智者對無量佛法的歸類概括，是對從凡地之佛因直至覺悟之佛果的修行階段予以提綱挈領的總結，智者指出其逐級遞進的關係：

三道輪迴，生死本法，故為初。若欲逆生死流，須解三識、知三佛性、起三智慧、發三菩提心、行三大乘、證三身、成三涅槃，是三寶，利益一切，化緣盡，入於三德，住祕密藏云云。

如此之貫徹始終之十種三法，顯然也正是三軌的範疇，故兩者之間的類通是必然的；可以說，十種三法是三軌的彰顯，而三軌則是十種三法的實相。

由此三法妙，又可發展出「敵對相即」的天台宗超邁獨說。關於對於十種三法的說明以及「敵對相即」，請參閱「智者大師的重要思想」。

（六）感應妙

具備上述的四妙與三法，成就因圓果滿的佛身，寂而常照，眾生能以圓機相感，即以妙應相應，如同水不上升，月不下降，而一月普遍影現在眾水當中，不可思議。

儘管形式可能不同，一切法界有情眾生皆得與佛感應道交，而佛則以無緣大慈、同體大悲赴機應之。佛陀成佛以後，為救度眾生，仍然應機示現；只要眾生有可生之善，就會感得佛陀之應，這種雙向的交融是為感應妙。

感應妙的理論，為《法華經》「眾生皆可成佛道」的觀點提供了某種根據。

（七）神通妙

佛運用神通，以身輪、口輪、心輪（即佛以身、口、意三業碾摧眾生之惑業）來化益眾生，以便實施其教化的工作，包括示現藥樹王身、如意珠王身等「身輪」，毒鼓、天鼓等「口輪」，隨自意、隨他意等「心輪」，善巧方便，稱道隨機，轉變自在，不可思議。

神通妙的理論，是智者對佛經中所描繪的所有神奇特異的現象的總結，藉以強調佛陀教化眾生之善巧方便。

藏、通、別三教之神通有粗有妙，唯圓教之神通依中道而任運應於十界，故但妙無粗。

（八）說法妙

理圓說十二部經（契經、應頌、記別（授記）、諷頌、自說、因緣、譬喻、本事、本生、方廣、希法（未曾有法）、論議），令眾生開示悟入佛之知見，能詮的言教、所詮的義理，都甚深微妙不可思議。

具體指出佛所說之「十二部經」，乃總括一切佛法。此十二部中，「契經」、「應頌」及「諷頌」，為經文之體裁，餘九部則是依經文所載之內容而立名。

智者認為，佛陀說教是對四緣（下根、中根、上根、上上根）而說，故十二部經也有藏、通、別、圓四種不同。既然十二部經是佛陀說教的代表，則不論是大乘還是小乘，所有的佛說都能被十二部經所涵括。

（九）眷屬妙

如理圓說十二部法，令眾生開示悟入佛之知見，能詮的言教、所詮的義理，都甚深微妙不可思議。

「眷屬妙」指出眾生皆是佛之眷屬，此一「妙」源自於佛之說法。智者強調，眾生皆因佛之說法而受道，因受道而成佛之眷屬；又因結緣之方式與時間境遇不同，而有諸種眷屬名稱，共有五種眷屬，即「理性眷屬、業生眷屬、願生眷屬、神通生眷屬以及應生眷屬」。這五類眷屬將所有眾生都包括在內，故所有眾生都將蒙佛之救度而得解脫。

（十）利益妙

諸佛所作感應、神通、說法三妙都不唐捐，沾溉地上清涼益、小草益、中草益、上草益、小樹益、大樹益、最實事益等七種利益，如同雲行雨施，草木各得生長。

總結了世尊諸多說法教化眾生之成就。眾生成為佛陀眷屬後必被佛恩、沾法雨，而此利益共有七種，分別為不同眷屬所沾之利益，眾生因根基的大小而所得利益不同。

智者在上述七益的基礎上又廣而釋之，而為「十益」，即果益、因益、聲聞益、緣覺益、六度益、通益、別益、圓益、變易益以及實報益。

【本門十妙】

與跡門十妙理論密切相關的是本門十妙理論。本門十妙是：本因妙、本果妙、本國土妙、本感應妙、本神通妙、本說法妙、本眷屬妙、本涅槃妙、本壽命妙以及本利益妙。此十妙亦如跡中之十妙，乃是環環相扣、前後相連，有此必有彼地次第相連，如《法華玄義．卷七上》所云：

所以本因居初者，必由因而致果，

果成故有國；

極果居國，即有照機；

機動則施化，施化則有神通；

神通竟，次為說法；

說法所被，即成眷屬；

眷屬已度，緣盡涅槃；

涅槃故則論壽命長短；

短之壽命，為所作之利益，乃至佛滅度後正像等之利益也。

跡中十妙乃源於本中十妙，是本中十妙的顯現。儘管跡門和本門表現為不同的範疇，兩者實乃不可分離。既然跡門是本門的彰顯，本門是跡門的根源，兩者互相包含，而成一個整體。本、跡二門的理論即指出兩者之間的不同，也說明其不可分離的特性，以彰顯佛法之玄妙和不可思議，是難以用僵硬、二元對立的語言來表達的。

換言之，儘管跡門代表權（方便之事法），本門代表實（實相之理）。從根本上來說，權並不僅僅是權，因為跡門源自本門，包含著本門之實；實並非只是實，因為本門早已包含了跡門之施權。所以，從兩者不可分離的角度來說，跡非只是跡、本非只為本，跡和本玄妙而不可思議，非權非實，又同時亦權亦實。

（一）本因妙

指最初本門之佛在久遠前的修行成佛之因；跡門中的境妙、智妙和行妙，即是此本因妙的顯現。

（二）本果妙

是佛在本門最初證得之「常樂我淨」之佛果，跡門中的「三法妙」正是本果妙的顯現。

（三）本國土妙

乃是佛本門證道後所成之淨妙國土，是本門獨有之妙。此原初國土亦稱為娑婆（Sahā，意為「堪忍」），是佛永久居住之所；佛在跡門之娑婆世界施行教化，乃源自於此本國土也。

（四）本感應妙

指出眾生之與佛陀在跡門感應道交之關係乃是此本門感應妙的延續。這說明佛陀救度眾生之事業從本門就已經開始，在跡門也未嘗終止，前後始終一貫。

（五）本神通妙

是佛陀本初之運用神通濟世度生，而其在跡門中之繼續運用神通，便是其永無止境慈悲度眾之明證。

（六）本說法妙

說明佛陀在跡門中的說法是本門說法妙的彰顯；往昔始成正覺所說醍醐妙

法，令諸菩薩發大道心，至今皆住不退。

（七）本眷屬妙

說明眾生始終都是佛之眷屬，一直得到佛從本門至跡門教化眾生之利益也。跡化的眷屬，其實是過去久遠本地本佛的內眷屬。

（八）本涅槃妙

此妙唯本門獨有，揭示了佛自始至終都常住於此元初之本寂涅槃的事實。佛陀在跡門之涅槃，只是佛善巧之舉措，目的只是為了調伏教化眾生。

（九）本壽命妙

是佛陀於本門入涅槃的結果，亦只屬於本門所有之妙。此妙說明佛陀之實際壽命無量；至於佛在跡門所顯現的或長或短的壽命，實源於此永久之本壽命妙也。

是佛在本門教化眾生之果實。此妙說明，佛陀教化之利益，從始至終貫穿於本門和跡門，皆令眷屬得到利樂。

（十）本利益妙

智者以本門十妙與跡門十妙，解釋「妙」法深意；然而，其分別僅為開合之異，其體實同；即以跡門之「境、智、行、位」四妙為第一本因妙，以跡門三法妙為「本門果、國土、壽命、涅槃」之四妙。

以上對於「妙法蓮華經」五字的精微論析，乃是智者大師高度抽象思維的結果。他乃將這五字視為一切佛教經典法義之最高範疇；在此一前提下，對於其視野中之所有的佛教教法，進行判教的論述。此即為《法華玄義》的真正本質。

《法華文句》

《法華文句》十卷（分上下，故或稱二十卷），是智者大師於陳後主禎明元年（五八七），在金陵光宅寺開講《妙法蓮華經》，就經文中的字句及其意義詳細地加以解說，由其弟子灌頂大師記錄而成。全稱為《妙法蓮華經文句》，是天台宗對於《妙法蓮華經》的主要解釋書。

灌頂大師記錄後，至唐貞觀三年（六二九）才整理告峻。唐玄宗天寶七年（七四八），天台宗八祖左溪玄朗，有感於本書文勢部分顯得凌亂，因加以排比而令文勢相貫穿。現行本當即此本。

本書主要的注釋，唐代有湛然的《法華文句疏記》三十卷。相關的撰述，包括唐代湛然《法華經文句科文》六卷、道暹《法華經文句補正記》十卷、智雲《妙經文句私志諸品要義》二卷及《妙經文句私志記》十四卷；宋代則有法照《法華經文句讀教記》七卷、從義《法華經文句補注》四卷、有嚴《法華經文句箋難》四卷、善月《法華經文句格言》三卷，清朝有道霈《法華經文句纂要》七卷。

本跡二門

《法華文句》對於《妙法蓮華經》的經文進行逐句的注釋，是運用天台宗獨創的釋經方法來解釋經文。首先，智者大師以天台宗的見地，將《妙法蓮華經》的二十八品分成本跡二門——

以前面的十四品為如來「跡門」說法，它的要旨是「開權顯實」，就是開三乘之權而顯一乘之實，闡明過去諸佛以方便力，於一佛乘分別說三乘。現在開方便的權門，目的是開示真實的妙理，會三乘歸於一佛乘，使眾生開、示、悟、入佛的知見。

以後面的十四品為如來「本門」說法，它的要旨是「開近顯遠」，即是開近成的化跡而顯久遠的實本，闡念釋迦牟尼佛不是新近在佛陀伽耶方才成道的新佛，而是從遠在三千塵點劫以前久遠實成的本地本佛的垂跡罷了。

《法華文句》又把《妙法蓮華經》的二十八品經文，先依佛教通例分作序分、正宗分和流通分。以最初的〈序品〉為「序分」，從第二〈方便品〉到第十七〈分別功德品〉的第十九行偈共十五品半為「正宗分」，從此處以後到經末共十一品半為「流通分」。第一到第十四品，是「跡門法華」；從第十五品到經末，是「本門法華」。

在本、跡門當中，又各有序分、正宗分和流通分。

第一〈序品〉為跡門的序分，從第二〈方便品〉至第九〈授學無學人記品〉是跡門的正說分，第十〈法師品〉以下五品是跡門的流通分。

從第十五〈從地涌出品〉開始至「汝等自當因是得聞」，是本門的「序分」。從同品「爾時釋迦牟尼佛告彌勒菩薩」以下到第十七〈分別功德品〉彌勒說十九行偈是本門的「正說分」。從〈分別功德品〉彌勒說偈以下至第二十八〈普賢菩薩勸發品〉是本門的「流通分」；其中第二十〈常不輕菩薩品〉以上為勸持流通，第二十一〈如來神力品〉至經末是付囑流通。

於《法華經》全經中，〈方便品〉明圓乘之因，〈安樂行品〉明乘乘（超越三乘之層次）之法，〈壽量品〉明圓乘之果，〈藥王品〉明乘乘之人，此四品說明約教、行、理、人，尤為通經之門。〈方便品〉中「十如是」及開示悟入佛之知見，為一經的精要所在。〈法師品〉中入如來室、坐如來座，乃宏經、行道之途徑。《法華文句》於諸經文皆廣加闡發。

四意消文

將各品以本跡二門加以分判外，本書又以「四意消文」——天台家獨創的釋經方法：因緣、約教、本跡、觀心等四種釋法對經句進行說明。如《法華文句．卷一》云：

一因緣，二約教，三本跡，四觀心。始從如是終於而退，皆以四意消文。而今略書或三二一，貴在得意，不煩筆墨。

有學者指出，「五重玄義」與「四意消文」兩種獨創經義解釋法，使《玄義》及《文句》二者建構起智者之法華學的極高成就。

「四意消文」不是直破一經之主旨要義，而是依一經之經文各各句讀之鉤玄探隱，從頭至尾逐步開顯每一句乃至每個文字之深義。

此外，經文句讀為「跡」，一經大旨為「本」，是故《法華文句》必須是與《法華玄義》合觀，方才能理解《法華經》開跡顯本之妙理。

這四種釋法，據智者所言，乃是從《法華經》中得其根源。「因緣」釋出於〈方便品〉：「十方諸佛為一大事因緣故出現於世。」「約教」釋則為〈序品〉「以種種法門，宣示於佛道」——本經之圓教，乃是不捨藏通別三教而說之圓教，故亦廣說種種法門。

「本跡釋」為《法華經》的特色，智者引〈壽量品〉：「我實成佛已來無量無邊阿僧祇劫」；〈五百受記品〉：「內祕菩薩行，外現是聲聞，實自淨佛土，示眾有三毒；又現邪見相，我弟子如是，方便度眾生。」說明本跡思想對於時空框限之解消：在某一有限時空中的佛陀出世僅為跡像，無始以來即便成佛的圓滿如來方為本尊。

「觀心釋」則出自〈譬喻品〉：「若人信汝所說，即為見我，亦見汝及比丘僧并諸菩薩。當知隨有所聞，諦心觀察，於信心中得見三寶：聞說是法寶，見我是佛寶，見汝等是僧寶云云。」

「觀心釋」是智者極重要的釋經方法，然而不僅是在《法華文句》中，亦用於《法華玄義》及《摩訶止觀》，亦即在三大部中無不扣緊觀心法門。觀心實是與經義相互印證的一種實踐上的解釋方法：此一方法使得屬於智性的知解，轉變成為禪修之實踐。

以下，再就《法華文句》「四釋」的釋經方法予以說明，簡介《法華文句》闡釋《法華經》的特點及其現實意義。

此四釋亦有其次第，如《法華文句．卷一》云：

因緣亦名感應。眾生無機雖近不見，慈善根力遠而自通，感應道交故，用「因緣釋」也。

夫眾生求脫此機眾矣，聖人起應亦眾矣，此義更廣處中在何？然《大經》云：慈善根力有無量門，略則神通。若十方機感，曠若虛空，今論娑婆國土，音聲佛事，則甘露門開，依「教釋」者（處）中說明矣。

若應機設教，教有權實深淺不同，須置指存月亡跡顯本，故肇師云：非本無以垂，非跡無以顯本；故用「本跡釋」也。

若尋跡，跡廣徒自疲勞；若尋本，本高不可極，日夜數他寶，自無半錢分。但觀己心之高廣，扣無窮之聖應，機成致感，逮得己利，故用「觀心釋」也。

可知智者大師的法華四釋，乃就佛與眾生之間的因緣關係，說明教法乃是由感應道交而興起。以世界悉檀、為人悉檀、對治悉檀、第一義悉檀為因緣，以藏、通、別、圓四教，由淺至深地解釋經文中的思想，顯示本跡的差別，依本地與垂跡二門瞭解經義。經義雖然明白了，但是還沒有達到行解一如，對於自己還沒有真正的受用可言，所以還要以文句為觀心的對境，藉以觀心之高廣。

以下便對四釋做一簡單說明。

一、因緣釋

是以世界悉檀、為人悉檀、對治悉檀、第一義悉檀等「四悉檀」為因緣，來解釋經中的思想。四種悉檀出於《大智度論・卷一》，龍樹菩薩用它來說明釋迦如來一代說法的方式。傳至漢地，智者大師轉用四種悉檀來作為解釋經典義理的依據。

四悉檀的要旨在於「對機說法」，在《摩訶止觀・卷三》亦說：「佛知眾生種種性、欲，以四悉檀而成熟之。」換言之，佛對眾生的說法有種種差別，需要從四悉檀去瞭解佛陀說法的意趣。如《摩訶止觀・卷一》云：

聖說多端，或次說，或不次說；或具說，或不具說；或雜說，或不雜說。眾生稟益不同，或次益，不次益；或具益，不具益；或雜益，不雜益。

悉檀（Siddhānta）通常譯為成就、宗；智者追隨慧思大師，梵漢並舉，稱「悉」以漢語解為「遍」，「檀」是梵語「檀那」（dāna）的略稱，意譯為「施」；兩字合起來，則是「遍施而使其成就」之義。

嚴格來說，智者這樣的解釋法，就如同「五重玄義」般，是脫離了梵文原意的刻意「誤讀」；如此一來，便可更有彈性地將相應的概念納入名相之中。四種悉檀的意涵分別為——

（一）世界悉檀：亦名「欲樂悉檀」；以適應於世間人喜好的思想、語言、觀念等，隨不同機宜而解釋經文，令凡夫喜悅而生得世間之正智。

（二）為人悉檀：亦名「生善悉檀」；即根據眾生各別根機與能力，而說各種出世實踐法，令生起善根。

（三）對治悉檀：亦名「斷惑悉檀」；乃針對眾生種種煩惱，分別給予不同的對治方法，使他們除遣貪、瞋、癡等惡病。

（四）第一義悉檀：亦名「入理悉檀」；即破除一切論議語言，直接以第一義諦詮明諸法實相之理，令眾生真正契入教法，悟入諸法實相。

四悉檀提供用以觀察經文含義的四種不同角度，透過四個角度來思考一切佛經說法之因緣。因此，透過四悉檀義所看到的，便不是一單一孤立只有特定意義的文本，而是佛經宣說的不同層次的企圖與目的。簡言之，四悉檀被放在因緣釋說，其用意即在解說任一文句宣說之因緣。

二、約教釋

智者大師在分判佛陀一代教法中教化眾生的佛法內容為：藏、通、別、圓四教。就此四教的義理，各釋其法。例如：起初說一心是「意識」，其次說是「阿賴耶識」，又次說是「如來藏」，最後又說是「一念三千」等。據《法華玄義・卷八》云：

四教中之藏、通二教為界內之教，俱證偏真之理。以入理之門有巧拙之殊，而生不同之八門；別、圓二教為界外之教，共證中道之理。入理之門有偏圓之異，故亦生不同之八門。

「約教釋」意即依藏教、通教、別教和圓教的區別來解釋經中的思想。一開始用藏教意做淺近的解釋，其次用通教和別教意進一步的深入解釋，最後再依圓教意做最究竟的解釋。

三、本跡釋

是依本地、垂跡兩門來解釋經中的思想。依佛陀最初成道來解釋是本，依佛陀中間以及現今作佛說經來解釋都是跡。

如來於久遠的往昔即已成道（久遠實成之本佛），以顯示佛陀的本地、根源、本體之說是實體，新近示現的佛陀（伽耶始成之身），以顯示本佛為教化眾生而自本地應化垂跡之說，是應跡、影現。《妙法蓮華經．如來壽量品》說：

一切世間天、人及阿修羅，皆謂今釋迦牟尼佛，出釋氏宮，去伽耶城不遠，坐於道場，得阿耨多羅三藐三菩提。然善男子，我實成佛已來，無量無邊百千萬億那由他劫。

本跡說原為鳩摩羅什的弟子僧肇、僧叡等所倡導的思想，智者大師轉用他們的思想來解釋《法華經．如來壽量品》。

四、觀心釋

因自古以來對《法華經》的讀誦，都是以心外之客觀義理、或文藝傳奇、或視為功德理念之象徵；大師卻是以「觀心釋」，而將經文融會於內證之解脫法（止觀）；以義理顯揚配合實踐熏修，可說發古人之所未發，較古來之諸般解釋更為殊勝！

例如，對〈見寶塔品〉之多寶塔湧出大地，古來都認為是如來顯現之奇蹟或比喻而已；但智者則認為，多寶塔的出現，乃象徵自心之脫離無明煩惱境界，即與實相真理的相互觀照為旨趣。又將〈見寶塔品〉「三變土田」（三度將穢土變淨土）的第一變釋為斷除三惑中之枝末煩惱——見思惑，第二變為斷微細的塵沙煩惱，第三變則為斷根本無明煩惱等，盡皆會歸於自心之修持。至於全經文的解釋，都不離「觀心」與《法華經》之密切關係，令《法華》之研究與教學更為貼近修學者之生命！

此外，在解釋「王舍城」（梵語 Rāja-gṛha）時亦採此釋。王舍城分為舊城和新城兩部分。舊城焚毀後，國王阿闍世（Ajatsatru，未生怨王）新建了豪華的宮殿，所以意譯為王舍城。

智者則將「王」釋為八識心王，「舍」則是心王的住處，亦即五陰。觀心時，對五陰加以分析而觀為「空」，是藏教；體達五陰即空，即空是涅槃，是通教；觀由伏滅五陰中色獲得常色，受、想、行、識亦復如是，是別教；觀五陰即法性，法性無受、想、行、識，一切眾生即是涅槃，不可復滅，畢竟空寂，涅槃即是真如法體，此為圓教。

天台宗甚為重視觀心，如前面曾論及《法華玄義．卷二》云：「眾生法太廣、佛法太高，於初學為難。然心、佛及眾生，是三無差別者，但自觀己心則為易。」由於跡像太多太廣，如禪宗所云：「青青翠竹儘是法身，鬱鬱黃花無非般若」；在智者看來，翠竹黃花是否等同法身般若並不重要，觀照翠竹黃花為法身般若者「是什麼」方為要務；因為，唯有此能觀之一心的彰顯，一心才能由迷轉悟，才能解脫煩惱。

觀心釋顯然是一種在實踐中觀照己心的解釋方法，它把廣大的、屬於對象性的、智解的其他三種解釋，化繁為簡地收攝在一心當下去把握，由實踐的過程中去證得解脫。

《法華文句》便以特有的「四意消文」詮釋法解釋《妙法蓮華經》，這樣的著作甚具獨創性。也因具有以圓教、本跡、觀心等特殊的說法目的，因此「本跡釋」並未出現於其他著作，「四意消文」之運用也只在《法華文句》出現過。

通過這種闡釋，更加清晰明瞭《妙法蓮華經》的一乘本意和真實歸趣。這種闡釋是為了讓大小根機的眾生能夠厭離小乘、外道不了義、不究竟的學說，而欣樂一乘圓教，從因至果，終得究竟。

此外，眾生的根機不一樣，這種闡釋則可以人法俱美，使眾生開、示、悟、入佛的知見。這種闡釋法使《妙法蓮華經》的宗旨與深義，透顯地呈現在修學者面前，從而使吾人乘正法船、渡生死海。

《摩訶止觀》

智者大師講述的止觀典籍有四部：

一、圓頓止觀：即本書，於荊州玉泉寺說，灌頂記，十卷（分上下）。

二、漸次止觀：即《釋禪波羅蜜次第法門》，於瓦官寺宣說；弟子法慎記，原三十卷，灌頂治定為十卷。

三、不定止觀：即《六妙法門》，陳尚書令毛喜請大師所撰，一卷。

四、小止觀：即《修習止觀坐禪法要》，乃大師為俗兄陳鍼所撰，一卷。此書為大部之梗概、入道之樞機。

本書可說為天台觀門的極致，自隋開皇十四年（五九四）四月二十六日起，講於荊州玉泉寺。本書的特色是：智者大師，將大蘇山之妙悟（趨入空觀），及天台降魔所證法華三昧行（中道第一義諦觀），以文字般若予以展現，乃是天台獨到的至極觀門。不但盛傳於唐、宋、元、明、清，且普及至日本、韓國，均尊為天台最高法門之實踐。

本書的注釋，有唐朝湛然《止觀輔行傳弘決》四十卷（臺灣慧嶽法師編有新式標點本）、《摩訶止觀輔行搜要記》十卷及《摩訶止觀科文》五卷，宋代從義《摩訶止觀輔行補注》四卷、法照《摩訶止觀輔行讀教記》六卷。

本書的節本，有唐代梁肅《刪定止觀》三卷。本書的提要，則有湛然《止觀義例》二卷、《止觀大意》一卷。此外的相關撰述，包括梁肅《天台止觀統例》一卷、《摩訶止觀科節》一卷（佚名），唐代道邃說、乾淑集《摩訶止觀記中異義》一卷，宋代從義《摩訶止觀義例纂要》六卷、遵式《摩訶止觀義題》一卷、處元《摩訶止觀義例隨釋》六卷，清代受登說、靈耀補定《摩訶止觀貫義科》二卷。

《摩訶止觀》全書分作序分、正說分兩部分：序分是記錄者灌頂略說本書的緣起，正說分是智者宣講圓頓止觀法門的記錄。

智者師事慧思，傳受漸次、不定、圓頓三種止觀，其中《摩訶止觀》便是發揮他自己的觀行體系，顯示圓頓止觀法門的深旨，行解雙圓，最為精要。其圓頓境界如《摩訶止觀．卷一上》云：

繫緣法界，一念法界，一色一香無非中道，己界及佛界、眾生界亦然。

此句可說為《法華經》：「一切世間法，皆是佛法。」「一切治生產業，皆與實相不相違背。」義理之開顯。

止觀是一切禪修方法的總稱。在眾多方法當中，智者大師提取「一念心」作為簡潔、切近、根本的法門；占《止觀》六卷之多的「正觀章」，就是以「觀心」為核心來講述；縱有十乘十境等縱橫交錯的次第組織，都不離「觀心」此一主軸。

十廣五略

正說分為十章：一、大意，二、釋名，三、體相，四、攝法，五、偏圓，六、方便，七、正觀，八、果報，九、起教，十、旨歸；此十章又簡稱為「十廣」。第一章是敘述：天台觀門之始終（五略大意），稱為總論略說，以下九章為別論廣說。

但智者大師只宣說至第七章之正觀諸見境，尚有上慢、二乘、菩薩三境，及第八果報、第九起教、第十旨歸之後三大章，均尚未宣說，因迫於結夏到期而終結；另一說法則是：後三章之諦義，無關於行者之實踐所需故罷講。

十廣的第一「大意」章，把以下的九章概括作發大心、修大行、感大果、裂大網、歸大處五段，以略舉全書的概要，簡稱為「五略」，與「十廣」合稱為「五略十廣」。架構可參考下面附圖——

《摩訶止觀》大綱

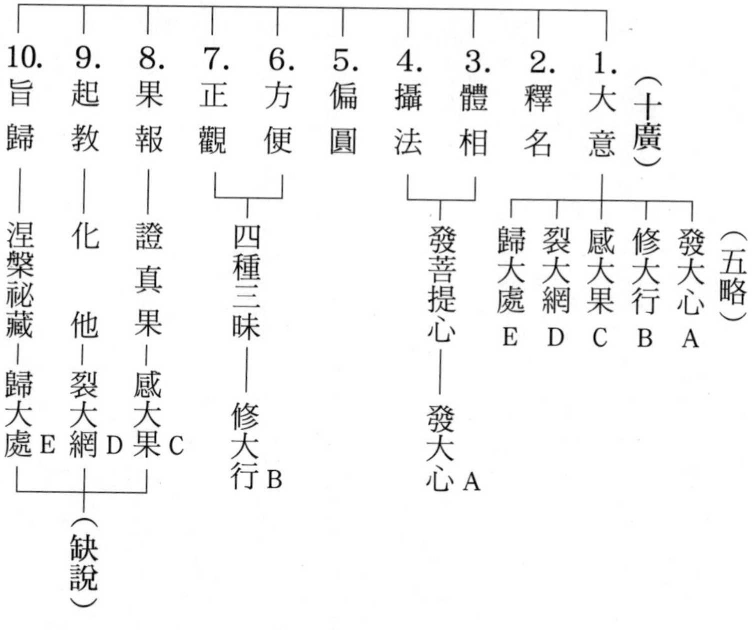

第一，大意章

一、「發大心」段。這是十廣中前五章的大意。

此段說為求大菩提而想修習止觀的要先發大菩提心，其中先捨棄發地獄、畜生、鬼、阿修羅、人、天、魔羅、尼犍（即出家的外道）、色無色、二乘十種心；次說四諦、四弘、六即是真實法，並分別偏圓發心之相。說明要依無作四諦，體達法性和一切法無二無別，由此起大慈悲，發三諦圓融的四弘誓願，上求下化，才是發真正菩提心。

智者將誘發眾生發心修行的因緣，分為十種：

諸經明種種發菩提心，或言推種種理發菩提心，或睹佛種種相發菩提心，或種種神通，或聞種種法，或遊種種土，或睹種種眾，或見修種種行，或見種種法滅，或見種種過，或見他受種種苦而發菩提心。略舉十種，為首廣說。

從以上引文可知，智者列此十種名目，作為眾生發大乘心之修行動機，其項目與內容乃是匯整歸納大乘經之記載而來。

「發大心」即上求佛道、下化眾生的大菩提心，它是超出二乘的十種意向和動機，並不受時空條件限制。但在起心動念的當下，會有十種錯誤的發心：地獄、惡鬼、畜生、修羅、人、魔鬼、天、尼犍（外道）、色無色、二乘。二乘雖非苦非集、是道是滅，但因無大悲、未具佛法，不能普遍無條件地利益眾生，所以也不是真正的菩提心。

智者強調欲成就止觀二法，發心至為重要。若發邪心、修正法，正法亦邪；若發大心、修邪法，邪法亦正。

前三教中的十種發心都是錯誤的；在圓教中則不然，不論發什麼心都是正確的，有實相作後盾的緣分，所謂「圓人說圓法、無法不圓」之意。不顯而顯的圓教六即發大心才是真正的發大心。

二、「修大行」段。這是十廣中第六「方便」、第七「正觀」兩章的大意。

此段說雖然已經發心，還必須拿實踐觀行作階梯，經論所說行法眾多，略舉常坐、常行、半行半坐、非行非坐四種三昧——

常坐三昧：以九十日為一期，獨居靜室，結跏正坐，專念法界，相續不斷。

常行三昧：也以九十日為一期，身常旋行不息，口常唱阿彌陀佛，心常念阿彌陀佛。

半行半坐三昧：以七日為一期，依《方等經》持咒旋繞百二十周，卻坐思維，或起或坐，周而復始；或依《法華經》，或行或坐讀誦此經。

非行非坐三昧：也稱「隨自意三昧」。在一切時中，一切事上，隨意修習止觀；經歷四遠、六作、六受而具備三觀的行相，將心安住於法性一相無相的諦理上。

此處以止觀配置念佛，根據「常行三昧」而行觀念、口稱，展開了圓融三諦念佛的特殊法門，為天台宗的後繼者大力宣導「台淨結合」開了先河。

三、「感大果」段。這是十廣中第八「果報章」的大意。說行者所修觀行隨順中道，就會感得清淨勝妙的報身之果。

四、「裂大網」段。這是十廣中第九「起教章」的大意。說行者用止觀觀心，內慧明瞭，恒沙佛法一心中曉，不但能裂破自己於諸經論所起疑網，而且能觀機逗教，隨順十界眾生而為說法，以裂破其他有情的疑網。

五、「歸大處」段。這是十廣中第十「旨歸章」的大意。說化他成熟，歸入法身、般若、解脫三德祕藏的大涅槃處。

第二，釋名章

解釋止觀的名義，分說「相待」、「絕待」、「會異」、「通三德」四點意涵。

先說「止」有三義：

一、「止息」義，即止息一切心念；

二、「停止」義，即停住於諸法實相上，繫念現前而不動；

三、「非止」止，即對不止而明止之義；例如，謂「無明與法性不二」，但稱無明為不止，稱法性為止。

次說「觀」有三義：

一、「貫穿」義，即妄想的動亂停止，真智顯發，穿滅煩惱；

二、「觀達」義，即體達諸法實相；

三、「非觀」觀，即對不觀而明觀之義。

以上是可思議的「相待止觀」。

至於不相對待、不可思議，所有的煩惱、業、果乃至教、觀、證等都不生，止不止都不可得，真慧開發，斷絕凡情妄想攀緣所起之推畫分別，直下契證獨一法界，這便是「絕待止觀」。

關於止觀的異名，諸經論或者稱為遠離，或者名為不住、不著、無為、寂滅、不分別、禪定等，都是「止」的異名；或者稱為知見、智慧、照了等，則為「觀」的異名。於絕待止觀中，會歸所有止觀異名，謂之「會異」。

止觀二字和涅槃的「法身、般若、解脫」三德相通，從而和所謂「三菩提」、「三佛性」、「三寶」等一切三法相通，這便是「通三德」。

第三，體相章

分說「教相」、「眼智」、「境界」、「得失」四點，解釋止觀的體相。先說藏、通、別三教的止觀相，加以簡別；次說圓頓教三觀三止相即互融的止觀相，次第三止三觀同成一絕待止觀，無有障礙，具足無減，這就是圓頓教止觀之體。

次說由次第三止三觀而得的三眼（慧眼、法眼、佛眼）、三智（一切智、道種智、一切種智），和由不次第止觀而得的五眼（肉眼、天眼、慧眼、法眼、佛眼）、三智所知所見的不同；只有用不可思議一法的眼與智，能得圓頓止觀體。

次顯示眼、智所對的境界就是三諦理，有隨情說（即隨他意語）、隨情智說(即隨自他意語)、隨智說(即隨自意語)權實之不同。

最後分別申論藏、通、別三教的得失,圓教的教證則不可思議,自行化他都得寂照不二之體,有得無失。

第四,攝法章

明止觀遍攝一切諸法、一切理、一切惑、一切智、一切行、一切位、一切教,用止觀來該攝,無不畢盡。

第五,偏圓章

分別止觀所攝一切的偏圓,用大小、半滿、偏圓、漸頓、權實五雙來料簡。就中偏圓門明前四時三教的止觀都偏,只有圓教的止觀、一心三諦是圓。

第六，方便章

以上從第二章到第五章，都是修習止觀的基本認知；以下第六、第七章，詳示修習止觀以前的加行及正式修習止觀的方法。

本章說入正觀的加行有「二十五方便」，分為五類：即具五緣、呵五欲、棄五蓋、調五事，行五法五科。

先須具備「五緣」以為入道的先決條件：一、持戒清淨，二、衣食具足，三、閒居靜處，四、息諸緣務（生活、人事、技能、學問），五、得善知識。

助緣已經具備，應當呵斥「五欲」：色、聲、香、味、觸。

既已外棄嗜欲，應當內淨心神，棄絕「五蓋」：貪欲、瞋恚、睡眠、掉悔、疑；因其蓋覆心神，所以稱為「蓋」。

蓋覆既已棄除，心神趨於寂靜，應當調節「五事」：食、眠、身、息、心。

四科既已具備，更須勤行「五法」——一、「欲」：欲離妄想顛倒，欲得禪定智慧；二、「精進」：堅持禁戒，棄絕五蓋，初中後夜，勤行精進；三、「念」：念想世間一切都可輕可賤，只有禪定智慧可重可貴；四、「巧慧」：斟酌世間樂和禪定智慧樂的得失輕重等；五、「一心」：念慧分明，明見世間一切都可患可惡，只有智慧功德可尊可貴。

這二十五法是一切禪修的方便，必須具足。本書中又把方便分為遠、近兩種，將此二十五法稱為「遠方便」，而以「正觀章」的「十境」為「近方便」。

「十境」與「十乘觀法」

第七，正觀章

此章為本書的中心，正說天台宗觀行的方法，其中先敘述觀法的對象，開作十種，稱為「十境」；次說正修的觀法，也開作十種，稱為「十乘觀法」。

所謂「十境」為——

一、陰入界境段：這是觀法的最初，說觀五陰（色、受、想、行、識）、十二入、十八界。但界、入兩科所攝過於繁廣，因而只以行人現前一期果報之身即五陰為所觀境；在五陰中，也只就「識陰」——即所謂「介爾一念遠用三千三諦」——的觀法。這就是「陰境」，以下的九境即由此而生起。

二、煩惱境段：煩惱恆時與五陰相隨，情中不覺煩惱之奔馳。是由觀察陰境不已，能引發煩惱而起熾盛的貪瞋；此時應捨陰境而觀察煩惱境。

三、病患境段：是由觀察陰和煩惱，四大不調，致發生病患，妨礙禪定，此時應觀病患境。

四、業相境段：由修習止觀，行人無量劫來所作善惡諸業，在靜心中忽然現前，如鏡被磨，萬象自現，此時應觀業相境。

五、魔事境段：由觀察以前各種境界，有魔事發生，妨礙禪定，此時應觀魔事境。

六、禪定境段：已修魔事觀後，真明未發，而過去所修習的各種禪定紛然現起，致令行人貪著禪味、陷入定縛，此時應觀禪定境。

七、諸見境段：因習禪或因聞法發生邪慧，從而起種種不正確的見解，此時應觀諸見境（《摩訶止觀》說到第七諸見境段便止，以下三境乃是根據正觀章的序說補充）。

八、上慢境段：已伏諸見，止息虛妄的執著，從而貪瞋不起，設或妄謂已證涅槃，於是起增上慢，便能廢其正行，此時應觀上慢境。

九、二乘境段：妄見和慢心既已止息，先世所修習的二乘心在靜中發生，溺於空寂，能障大乘行果，此時應觀二乘境。

十、菩薩境段：雖不墮在二乘境，卻未起諸方便道進入菩薩的境界，此時應觀菩薩境。

智者大師立此十次第，乃是隨順眾生根機的差異，因此如此分別而說。這些所觀境界乃隨著實際修觀的過程而開展，無關禪定之淺深差別，而是進入禪定的過程中，可能面臨需要處理之禪境次第。從「陰入」開始，隨發而觀，次第出生而成十境。

然而，此十境亦有「互發」之情形，所以未必從五陰境觀起；乃至就法性而言，十境一一即是法界，法界之外更無復有別法，因此不需要捨此就彼，亦沒有所謂的次第之法，所以可能十境互發，則無復次第。

以上十境，都是「十乘觀法」的所觀境。十乘觀法又稱為「十法成乘」，其義如下——

一、觀不思議境段

先說「可思議境」，即大小乘中都說心生一切法，不說心具，所以無論六道或十法界，都屬於可思議境。

次說「不可思議境」，又開為「性德、修德、化他」三境。天台一家三千三諦的觀法所謂不可思議境，指眾生實用現前六根六塵相對所起一念的妄心；此介爾一念，具足十法界，一一法界又各具足十法界、十如、三世間，即有三千的法數，所以只要有一念心，即法爾具足三千諸法、無有缺減。即心是一切法，一切法是心，非縱非橫，非一非異，所以稱為不可思議境。

於此一念心、念念用「即真、即假、即中」三觀觀察。如觀一法即一切法，是為假觀；觀一切法即一法，是為真觀；非一非一切，是為中觀。一空一切空，無假中而不空，是總空觀；一假一切假，無空、中而不假，是總假觀；一中一切中，無空、假而不中，是總中觀。所觀照的是三諦圓融的境，能觀照的是空、假、中三觀，總稱「不可思議一心三觀」。

「一念三千」乃多個概念所形成，詳見「智者大師的重要思想」一章之剖析。

二、眞正發菩提心段

是既已深識不思議境，了知一苦一切苦，思惟彼我，傷痛自他，即起大悲，發兩種誓願：「誓願度無邊眾生，誓願斷無盡煩惱」。又深識不可思議心，了知一樂一切樂，理會我及眾生以前但求人天二乘之樂而不知究竟樂之因，即起大悲，發兩種誓願：「誓願知無量法門，誓願成無上佛道」。

如此慈悲誓願和不可思議境智，同時俱起，這叫作真正發菩提心。

然而，智者亦提醒，如《金剛經》所言，實無眾生可度。如《摩訶止觀・卷五上》：

眾生雖如空，誓度如空之眾生；雖知煩惱無所有，誓度無所有之煩惱。雖知眾生數甚多，而度甚多之眾生；雖知煩惱無邊底，而斷無底之煩惱。

總之，發菩提心，不可偏空、亦不可見眾生可度；不可著空，亦不墮愛見：

若偏觀空，則不見眾生可度，是名著空者，諸佛所不化；若遍見眾生可度，即墮愛見大悲，非解脫道也。

三、善巧安心段

是安心在法性上，體達此心畢竟只是法性，起是法性起，滅是法性滅；然而法性空寂，實無起滅，即名為止。觀察此心無明癡惑，和法性相等，本來皆空，空亦不可得，就實相當體朗然顯現，即名為觀。即以三諦為安心處所，止觀為安心之法。

四、破法遍段

善巧安心，則定慧開發；若未相應，則是有執障之故，須加以破之。是依無生教門用從假入空、從空入假、中道第一義諦三觀的智慧，徹照三諦，遍破一切諸惑。

如藏、通二教只用空觀破見思惑，別教雖用隔歷次第的空、假、中三觀破見思、塵沙、無明三惑，但無明還未全斷，所以不能夠說是「遍」。

圓教空、假、中三觀只在一心，橫豎諸法都在一心中具，破心即一切皆破，這就是破法遍。

五、識通塞段

由破法遍之層層破斥後，應入無生，若不入者，恐是有滯，須加以尋察。苦集、十二因緣、六蔽、三惑等法能蔽塞實相之理，即名為「塞」；道滅、滅因緣智、六度、一心三觀等法能顯發實相之理，即名為「通」；而著重於加以識別，則「於通起塞」，並須破塞。

例如，於「破法遍」中，所破的三惑是塞，能破的三觀是通；但苦於能破的三觀又生愛著，這個能著心也同樣是塞，也必須加以破除。如此於一一能、一一所、一一心、節節檢視，破塞養通，是為識通塞。

六、道品調適段

更將「三十七道品」調停適當隨宜破惑入理，如修「四念處」生「四正勤」，四正勤發「四如意足」，四如意足生「五根」，五根生「五力」，五力生「七覺」，七覺入「八正道」，此即為善巧調適。更舉藏、通、別、圓四教的「空、無相、無作」三解脫門，說明道品的功能。

七、對治助開段

「對治助開」是針對根鈍有遮障之眾生所開設之法門。行人修觀時煩惱忽起，障蔽正行，應當用「六度」及「五停心」觀（不淨觀、慈悲觀、因緣觀、數習觀、界分別觀）等加以對治而助開解脫。例如，修道品時，慳貪忽起，當用「布施度」加以對治；破戒心起，當用「持戒度」加以對治；瞋恚勃發，當用「忍辱度」加以對治；放逸縱蕩，當用「精進度」加以對治；散亂不定，當用「禪定度」加以對治；愚癡迷惑，當用「智慧度」加以對治。並當觀察這個助道不可思議攝一切法，而事行和理觀配合，才能夠開解脫門、得見佛性。

八、知位次段

明次位中，論及藏、通、別、圓等四教之修行次位，而重點在於圓教次位。有關圓教之修習，主要以四種三昧及十乘觀法修之；其中，於修習法華三昧時，須配合「五悔」來修。五悔為：一、「懺悔」，發露已往之罪以誡將來；二、「勸請」，勸請十方如來以轉法輪；三、「隨喜」，於自他一切之善根隨喜讚歎；四、「迴向」，以一切所修之善根，向於眾生，亦向於佛道；五、「發願」，發四弘誓而導前之四行。

為何晝夜六時須配合五悔？乃因心理微細，需要配合起心動念予以調整。

圓教之次位，是以「六即」來論之：（一）理即（二）名字即（三）觀行即：五品弟子位（四）相似即：十信位（五）分證即：四十一位（六）究竟即。

有關六即位之提出，乃在於避免以凡濫聖。藉由層層之修練，令智慧轉增明，臻於妙覺位。是令行人了知修行所歷的階位次第，以免生增上慢，未得謂得。

九、能安忍段

是說諸行人，或未入五品弟子位，或入初品，「神智爽利，若鋒刃飛霜，觸物斯斷」，便易顯露，為眾所圍繞，外招名利、內動宿障，以致廢損自身修行；此時應當安忍深修三昧，不為名譽、利養、眷屬等外障和煩惱、業、定見、慢等內障所動。

十、離法愛段

是說行人雖除內外二障，然而沾著中道相似之法，心生愛樂而有法愛執著，不能真入中道，進至初住；如此只在頂位法中，不進不退，稱為「頂墮」。必須破除法愛，方能入一切智海。

十乘觀法並非平鋪並列，而是以「觀不思議境」為主體，此觀又依「十境」之「觀陰界入境」而得名，亦即以眾生日常生活中剎那現前的妄念為所觀；其既是眾生生死之根本，也是解脫之起點。

凡心一念即具足世出世間三千法數，不可依通常的思維方式去想像，而應以圓融三諦之觀法觀照。然後由體起用，把握住「一念三千」的精要，以照破無明，因為「三種世間、三千相性，皆從心起。一性雖少而不無，無明雖多而不有」。因此，止觀的目的，是要達到對眾生本質與諸法實相的認識，從於日常生活中時刻觀心，以獲得圓滿的證悟。

「教非觀不傳，觀非教不正；有教無觀則殆，有觀無教則罔。」（蕅益大師語）理論和實踐結合的「教觀雙美」，是天台宗的最大特色；其精髓並非在理論而是在於「止觀」之實修。智者大師通過自證並使之文字化、系統化的「止觀」法門，透過《摩訶止觀》展現無遺。

智者大師一生講述甚多，圓寂前仍特別開示《觀心論》，對弟子們強調聞、思、修的過程中都不可忘「觀心」的重要性；由此可知，若不明瞭及實踐「觀心」，則無法進入天台宗的堂奧。

「天台三大部」乃至於所有天台教法皆強調「觀心」，就是要讓天台的「觀心」法門形成修學者於日常生活思維及言行的的某種「習慣」——令修學者在每個當下，甚至於在心念發出為語言或行動之前，洞悉自我的每一個起心動念（觀照），並加以正確的判斷與抉擇。

這也說明了，智者大師所建立的天台教觀體系，不只是開顯佛教經論的思想（教），更是進一步教導修學者如何依經教觀照、處理生命中每個當下的情境（觀），直至證悟「一色一香，無非中道」，此即天台教法之所以被譽為「教觀雙美」之因；而所謂「佛法不離世間覺」，亦可由此了知。

貳・智者大師的重要思想

佛亦不斷性惡，機緣所激，慈力所熏，入阿鼻，同一切惡事化眾生。以有性惡故名不斷，無復修惡名不常。

天台宗與華嚴宗乃中國佛教之雙璧，此二宗皆吸納了原有之印度佛學理論，揉合中國本土之思想特色，而建立其起高明精微之佛學體系。智者大師不僅為天台宗真正的開宗立說之祖，亦可說是中國之佛教學者中建立起如西方哲學龐大體系思想之第一人。在智者之前，雖然漢地的佛教學者們已採用印度佛教學的理論方式、運用漢語撰寫理論性著作，卻仍未創造具有一貫體系的鉅作。直到智者大師，才有了類似西方哲學家的思想體系，中國人的思想論著在架構上已經不亞於西方哲學家或印度的思想大師。

天台思想一向標榜「教觀雙美」。依天台六祖荊溪湛然於《止觀義例．卷上》所言，其思想之建立，乃是以《法華經》為骨幹，參照其他經論之義，並著重「觀心」：

> 所用義旨，以《法華》為宗骨，以《智論》（大智度論）為指南，以《大經》（大涅槃經）為扶疏，以《大品》（大品般若經）為觀法，引諸經以增信，引諸論以助成，觀心為經，諸法為緯，織成部帙，不與他同。

而將天台思想歸納起來，大致可分為以下幾項：一、「五時八教」之判教論；二、三諦圓融；三、一念三千；四、「敵對相即—如來性惡」。天台諸師其更高舉「性惡」說為天台一宗之極談，北宋天台中興之祖四明知禮便於《觀音玄義記．卷二》云：

> 只一具字，彌顯今宗。以性具善，他師亦知；具惡緣了，他皆莫測。

為何以「如來性惡」為最高思想之展現？這就須了解天台不同於他宗之思想脈絡了。以下，便就「五時八教」乃至「如來性惡」等思想進行說明。

「五時」與「八教」

智者大師在其著作中，對佛家義理每每予以分判，而有「五時八教」之說。此一判教思想，每為漢地之佛教學者所沿用，影響甚為深遠。

五時

「五時」的由來，依智者大師所言，乃是依《華嚴經．如來性起品》的三照三譬、《涅槃經．聖行品》的五味相生譬而予以發展的。

所謂「五時」，乃是將大小乘佛教所有經典皆視為釋尊所說之法，將其歸納並分為：華嚴時、阿含時、方等時、般若時、法華涅槃時等五個階段。

智者並以「五味」比喻五時：華嚴時為「乳味」，阿含時為「酪味」，方等時屬「生酥」，般若時是「熟酥」，最後的法華涅槃時則是最精煉的「醍醐」。

由此便可看出五時之次第。

一、「華嚴時」

即釋尊在成正覺的三七日間，宣說開示其內自證境界，如「日照高山」之時；其內容即為《華嚴經》，故稱「華嚴時」。但因其內容過於深廣，所以只有大菩薩利根器者得益，對小乘鈍根者則絲毫不起作用。

此時又稱為「擬宜時」，亦即釋尊「試探」其自內證境界對諸類眾生有何影響。

在此須加以說明的是，華嚴教法對大乘利根器者而言可說是「醍醐味」，但鈍機者卻是如聾如啞，無法了解；所以，從整體教判而論，仍判其為「乳味」。

二、「阿含時」

佛陀為「華嚴會」上之不能契於《華嚴》深法者，於十六大國說小乘四《阿含經》，如「日照幽谷」之時。

因佛陀最初說法之場所在鹿野苑，故此時期稱作「鹿苑時」；又取所說經之名，故亦稱「阿含時」。

此期所說之教僅為小乘法（即三藏教）。從佛陀教化之意義而言，因是以根機較淺者為對象而誘導之，故稱「誘引時」；在教之順序上，此期譬喻為「酪味」。

三、「方等時」

所謂「方等」，乃是一切大乘經典的總稱。指鹿苑時之後八年間說《維摩》、《思益》、《勝鬘》等大乘經典之時期，如日照平地之時（食時）。因此時為初說方等經，故亦稱「方等時」。

此時之教法併說藏、通、別、圓四教，打破視第二時得小乘之淺證為與佛之深證同一之偏見。其宣說斥小歎大（斥責小乘而讚歎大乘）、彈偏褒圓（彈呵偏教而褒揚圓教）之教義，乃欲啟發小乘人生起恥小慕大（恥小乘、尊大乘）之心。

若從佛陀教化之意義而言，此期稱「彈呵時」（呵責小乘）；在教之順序上，則喻為「生酥味」。

四、「般若時」

指方等時之後二十二年間，說諸般若經之時期，故依經名而稱「般若時」，如「日照禺中」之時。

此時所說教法，在內容上為通、別、圓三教。從佛陀教化之意義言，此時為淘汰大小乘分別之偏執，說諸法皆空，融合大小乘於一味，對鈍根之人的情執予以淘汰、揚棄，故稱為「淘汰時」；在教之順序上，喻為「熟酥味」。此一時期，除闡示通教的消極之空（即三乘共學之般若）外，亦說明別圓二教積極的不空中道之理（即菩薩所學之般若）。

五、「法華涅槃時」

歷經以上擬宜、誘引、彈呵、淘汰四時的化導，眾生的根機智慧已臻成熟，佛陀在最後八年間說《法華經》與入涅槃之前一日一夜說《涅槃經》，故稱「法華涅槃時」，其如「日輪當午」之時。

釋尊於「法華會」上「開權（方便法）」、「顯實（真實教）」，會三乘為一佛乘，授記會眾必將成佛。此時所說之教法純係圓滿之圓教，即會通前四時之淺方便教，並彰顯真實之開顯圓。在教之順序上，喻為「醍醐味」。

《法華經》與《涅槃經》之關係在於顯揚畢竟一（佛）乘。《法華經》係將華嚴時以後至《法華經》間之二乘加以開會，令成就「入佛知見」為大目的（大收教）；會三歸一，契入本來如是之境，與初時華嚴首尾相應。《涅槃經》則明白宣示「眾生悉有佛性」的教法，以再為法華會時之根機未熟者，追說藏、通、別、圓四教，並說佛性常住、扶律談常，教化使令成佛，亦稱「捃拾教」。

以上依眾生之根機與釋尊化導之法門，將釋尊之說法歷程分別為五，這是將佛陀之說法作一次第歷然的組織說明。但釋尊實是隨時隨地視眾生之根器，應機而施教攝受，並不限於某一時段方用某一次第之法。五時歷然為「別五時」；隨時應機攝受，則為「通五時」。

從今日文獻學研究的眼光看來，「五時」的說法顯然並不符合佛教文獻發生史的基本事實，也就是原始佛教、部派佛教、早晚期大乘佛教的歷史發生的先後次序。但是，從宗教詮釋學的觀點來看，「五時」的判教的意義並不在於以佛教文獻流傳的歷史事實，毋寧是在描述對佛陀教法的體驗與轉化過程。

所謂「五時」，乃是視修學者在不同時間與場所的需要，進行不同的宣說，讓修學者逐步學習佛法的各個層面，逐步導入圓滿教理，而成就圓滿佛性。這應是比較符合宗教理論與禪修轉變進程的觀點。

八教

以上的「五時」教判，乃是屬於時間歷程上的「豎說」；而「八教」之判則是對於佛陀說法之形式與內容的分別，此為「橫說」。

此「八教」分為「化儀四教」及「化法四教」兩者，前者為對佛陀化導攝受形式的區判；後者是對佛陀宣說內容的分判。簡要說明如下——

一、「化儀四教」

化儀者，如來出世一代教化眾生之形式也，即「頓、漸、祕密、不定」四者。

對堪受大乘甚深法之利根器者，佛陀對其不藉任何方便而直說自內證之法，令其當下悟入，此即「頓教」，即《華嚴經》也。

謂如來初於鹿苑，破斥邪法，建立正教，專為二乘，此名「漸初」，即《阿含經》也。次於方等會上，彈斥二乘小機，令其歸向大法，此名「漸中」，即《淨名》等經也。後於般若會上，廣談空慧之法，淘汰二乘執小之情，會一切法皆歸大乘，此名「漸末」，即《般若經》也。如是自淺至深，次第而進，故名「漸教」。

所謂「祕密」，其意為「不顯露」。因釋尊以不思議神力宣說佛法，即使在同一會上開示，與會聽者亦會因其根器不同，導致所領悟的內容亦有所差別。因彼此之自證有異且互不相知，故言其為「祕密」。

至於「不定」，則是對佛陀的同一說法，聽者之得益不同：或聽大法而得小果，或聽小法而得大果。得益不定而彼此相知，此則為「不定」。

二、「化法四教」

化法者，如來教化眾生之方法也。智者大師將釋尊的說法內容，區分為藏、通、別、圓四教。

「藏教」者，具名「三藏教」，其教法以小乘教義為主。

「通教」則是通於聲聞、緣覺、菩薩三乘的教法，因其為大乘之初步，所以正通菩薩，旁化二乘。以「因緣即空」為其主要教義。

般若法分為「共」、「不共」二者。共般若屬通教；不共般若則是菩薩獨修之法門，不共二乘。因其有別於前面之藏、通二教及其後之圓教，故稱為「別教」。

「圓教」則為佛陀最究竟無偏之教法，乃是為最上利根者所說之法門。因其教、理、智、斷乃至於因、果，無不皆圓，故稱為「圓教」。以《法華經》為宗的天台教理，即踞此「圓教」位。

智者大師乃是依龍樹菩薩《中論》的偈頌：「因緣所生法，我說即是空；亦為是假名，亦是中道義。」為例，標出經典教義淺深先後的重點，判以藏、通、別、圓化法四教。以下再進一步依蕅益智旭大師《教觀綱宗》的「化法四教說」略說四教的意涵：

（一）藏教：「因緣所生法」

依析空為觀，無我我所；出分段生死，證偏真涅槃，以三藏教法正化二乘，旁化菩薩。

（二）通教：「我說即是空」

依體空為觀，陰界入皆如幻化，當體不可得；出分段生死，證真諦涅槃，正化菩薩，旁化二乘。

又有利、鈍兩種根性，鈍根二乘，但見於空，不見不空，仍與三藏同歸灰斷，通前藏教；利根三乘，不但見空，兼見不空；不空就是中道，通後別圓二教，所以名為「通」。

（三）別教：「亦為是假名」

依次第為觀，先空次假後中，開示界外鈍根菩薩，出分段、變易二種生死，證中道無住涅槃。別於藏、通、圓三教，所以名為「別」。

（四）圓教：「亦是中道義」

開示界外利根菩薩，依一心為觀，三諦相即互融，即空即假即中道，圓超二種生死，圓證三德涅槃。

將「五時」之「五味喻」與「化法四教」配合來看，「法華涅槃時」之「醍醐味」，乃是由「乳」而「酪」，再經「生酥」、「熟酥」的歷程所逐漸煉成。

依此論之，天台宗依《法華經》所言之「圓教」，乃是「開權顯實」、「會三歸一」之圓教，其教理並非與前三教對立，而是不離三教並將其攝受，方能顯《法華》圓教之為「圓」。

「六即」佛

《摩訶止觀．卷一》「大意章」之「五略」之第一項「發大心」中提出「六即佛說」。「六即佛」說乃是對眾生之成佛次第，予以理論與實踐的說明。此六即為——

（一）理即：一切眾生皆有佛性，有佛無佛，性相常住。然而，理雖即是，日用不知，以未聞三諦，全不識佛法。這般凡夫，唯理性（法性）與佛平等，故云理即。

（二）名字即：或從善知識、或從經卷，聞見三諦圓融之妙理，於名字中通達了解，知一切法皆是佛法，一切眾生皆可成佛。

（三）觀行即：既知名字，即起觀行；心觀明了，理慧相應，所行如所言，所言如所行。此位修「隨喜、讀誦、講說、兼行六度、正行六度」等五品（《法華》所說）觀行，故稱為「五品弟子位」（外凡位）。智者大師便謙稱自身處於此位。

（四）相似即：觀慧稍進，於三諦之妙境發相似解；觀慧轉明，登初住位。入此位，則得《法華經》所說六根清淨之德，故稱為「六根清淨位」；圓教又稱「十信內凡位」，或稱「鐵輪位」，智者之師慧思禪師便稱已居此位。

（五）分證（真）即：依相似之觀力，而發真智，始斷一分之無明，而見佛性、顯真如，名為發心住。於自此以後九住乃至等覺之四十一位，分破四十一品之無明，而分見法性。

繼「十信鐵輪位」後，「分證」的次第則是：「十住」為銅輪，「十行」為銀輪，「十迴向」為金輪，「十地」為琉璃輪，「等覺」為摩尼輪。

（六）究竟即：斷第四十二品無明，發究竟圓滿之覺智，即「妙覺」也。

此「六即」說的重點在於，若「六」、「即」分別說，「六」顯示從凡夫到究竟佛位，經歷的因果事相與修行次第的淺深階段；「即」（就是）則開顯從凡夫到究竟成佛，凡夫與佛陀之佛性完全相同；凡夫佛性即是菩薩佛性，也即是諸佛之佛性。這六個階段都是佛，凡夫「即佛」；之所以分成「六」，是在強調「即佛」並非不須修行就可成佛，而是說每一即位都融通佛位，所修的功德都是成佛的功德。

約性德（本具之性）說，「知六而常即」，深刻信解從凡夫至成佛雖須經過六個階段，而佛性始終本具，就不會生起退轉心，能積極往成佛之道努力。約修德（修行之德）說，「知即而常六」，悟解從凡夫至成佛雖然佛性皆同，但因果事相階段分明，便不會生起增上慢，從而按步就班地修福增慧。

在《摩訶止觀》中，智者引用《涅槃經》中「貧女寶藏」之喻，對六即佛之義加以說明：「譬如貧人，家有寶藏而無知者」，即是理即佛；「知識示之，即得知也」即是名字即佛；「耘除草穢而挖掘之」即是觀行即佛；漸漸得近，即是相似即佛；「近已藏開」即是分證即佛；「盡取用之」，即是究竟即佛。

圓融三諦

三諦意指「空、假、中」三諦。依天台宗教理，任舉一法為所觀之境，便「即空即假即中」，此即「三諦圓融」。據傳乃是出自智者之師祖慧文禪師所倡之「一心三觀」。

慧文禪師的「一心三觀」思想

所謂「一心三觀」思想，追溯台宗之淵源，應始自於北齊慧文禪師對於龍樹菩薩之《大智度論》與《中論》的慧解。

慧文禪師為南嶽慧思之師。據《佛祖統記》中所載，慧文初依大智度論，證得一心三智，入初住無生忍位，更讀《中論》偈頌，而悦然大悟。慧文所依之論文，乃為《大智度論．卷二七》中所云：

問曰：一心中得一切智、一切種智。斷一切煩惱習，今云何言？以一切智具足得一切種智，以一切種智斷煩惱習？答曰：實一切一時得，此中為令人信般若波羅蜜故。……雖一心中得，亦有初中後次第……以道智具足一切智，以一切智具足一切種智，以一切種智斷煩惱習，亦如是。

慧文禪師便由此「實一切一時得」之句，而省悟：道種慧（智）、一切智、一切種智，三智實同時具足於一心的「三智一心中得」之理。

除了《大智度論》外，慧文又對《中論》之「三是偈」有所深悟。《中論．觀四諦品》中云：

因緣所生法，我說即是空；亦為是假名，亦是中道義。

慧文便將此偈理解為「空」、「假」、「中」三諦，並將其與「三智」結合；

如此，就智而言為「三智」，就理而言為「三諦」，就觀法言則為「三觀」。三智、三諦、三觀皆可歸於一心，由此得以了悟諸法實相。此即慧文禪師所初創的「一心三觀」思想。

依梵文原偈，並非將空、假、中三者列於平行位置，而是強調「假名」與「中道」皆為空之謂詞，如此則應只說空、假二諦。此「二諦」亦可言世俗諦與第一義諦：「假諦」為緣起諸法，為世俗諦；「空諦」即為性空，為第一義諦。因為《中論》之「空」義，並非只是單純的空無一物，而是緣生法所以成就之因。在〈觀四諦品〉中亦頌云：

諸佛依二諦，為眾生說法；一以世俗諦，二第一義諦。

若人不能知，分別於二諦；則於深佛法，不知真實義。

若不依俗諦，不得第一義；不得第一義，則不得涅槃。

汝謂我著空，而為我生過；汝今所說過，於空則無有。

以有空義故，一切法得成；若無空義者，一切法不成。

而另一解法，則是如天台宗之說法，將空、假、中視為「因緣所生法」的三個平行謂詞，成為即空、即假、即中，如此則在空、假二諦外，又另立一中道義諦。此即天台宗三諦思想之導出。

其或許不完全符合《中論》之「二諦」意旨，但亦並非與其相違，如學者所指出，因二者對於「空」義有不同的理解，才會對於同一偈頌形成不同的思想，此種思想上的開展應是合法的。因此，慧文禪師的「三諦」說亦無違於龍樹大士之「二諦」義。

智者大師的「三諦」、「三觀」思想

慧文禪師的「一心三觀」思想再傳至智者大師，智者又援引其他經籍，如《仁王般若波羅蜜經》與《菩薩瓔珞本業經》中的三諦、三觀說法，以建立其三諦、三觀思想。在《法華玄義．卷二下》即云：

明三諦者，眾經備有其義，而名出《瓔珞》、《仁王》，謂有諦、無諦、第一義諦。今經亦有其義。

《仁王般若波羅蜜經》中的「三諦」說，分別見於其〈二諦品〉與〈受持品〉；〈二諦品〉僅提及「空諦、色諦、心諦」三諦之名；〈受持品〉中則僅言「三諦三昧」——世諦三昧、真諦三昧、第一義諦三昧——之名而已。

《仁王般若波羅蜜經》

《仁王般若波羅蜜經》即《仁王護國般若波羅蜜多經》，又稱《仁王經》、《仁王護國經》、《佛說仁王般若波羅蜜經》。

本經文字簡約、義理豐富，漢地先後共有四譯，即晉竺法護、姚秦鳩摩羅什、梁真諦、唐不空等四譯。晉、梁二譯已經失傳，僅存秦譯和唐譯；此二譯內容相同，僅文字略異。

本經講述「仁王護國」之理：仁王見眾生痛苦，生起憐湣之心，因此施予自在力而保護之。佛陀於本經為印度波斯匿王等十六大國國王開示如何守護佛果、修持十地善行，及守護國土，廣明護佛果及護國二護，融世間、出世間法為一體；經末囑付，講說受持讀誦此經可息災得福，使一切世間有情安穩康樂。

本經雖因梵本不存、內容有所爭議而被「疑偽」，仍受漢傳佛教推重，與《法華經》、《金光明經》並稱為「護國三經」。

在《菩薩瓔珞本業經》中，則對三諦與三觀有較詳細的說明。其〈佛母品〉中云：

所謂有諦、無諦、中道第一義諦，是一切諸佛菩薩智母，乃至一切法，亦是佛菩薩智母。

在〈因果品〉釋般若波羅蜜之三緣段中則云：

慧有三緣：一、照有諦，二、無諦，三、中道第一義諦。

在同經之〈賢聖學觀品〉中，則提出了「三觀」之名。其文云：

三觀者：從假名入空二諦觀，從空入假名平等觀，是二觀方便道。因是二空觀，得入中道第一義諦觀，雙照二諦，心心寂滅，進入初地。

《菩薩瓔珞本業經》

竺佛念譯於姚秦建元十二至十四年（三七六至三七八），凡二卷。又稱《菩薩瓔珞經》、《瓔珞本業經》，或單稱《瓔珞經》、《本業經》。

本經敘說菩薩階位及其三聚淨戒等之因行。「瓔珞本業」乃華嚴部經論之用語，故本經與華嚴之教相契合處甚多，尤以立十信、十住、十行、十迴向、十地、無垢地、妙覺等五十二位菩薩行位而知名。

本經受《梵網經》之影響甚深，其三聚淨戒之內容均屬大乘戒，主張戒以心為體。

考據本經於印度並無史實之根據，自漢地《法經錄》以來之一般經錄，則皆載為姚秦之竺佛念所譯。近代學者則因譯者不明、及對內容之檢討，主張本經乃漢人所撰之「偽經」。

《瓔珞經》中所言之「三觀」——從假入空二諦觀、從空入假平等觀、中道第一義諦觀——乃是初地以上菩薩所修持之正觀。智者則採用其名，配合其「三止」、「三諦」、「三智」等思想，而在義理上有所發揮。在智者隱棲天台山之前所著的《修習止觀坐禪法要》（「小止觀」）之〈證果第十〉中，便將三觀、三止、三智、三眼相互配置。表解如下：

從假入中觀——二諦觀——體　真　止——慧眼——一切智
從空入假觀——平等觀——方便隨緣止——法眼——道種智
中道第一義諦觀——中道正觀——息二邊分別止——佛眼——一切種智

智者隱棲天台山十年之後，再度入世說法，對於三諦、三觀思想頗有獨到之創見。在《法華文句》中，僅對三諦三觀思想略有說明。其卷二上云：

空觀聞於真諦，假觀聞於俗諦，中觀普聞中道第一義諦。

在《法華玄義．卷一上》，智者則進一步將三諦區分為「隔歷三諦」與「圓融三諦」，並以「圓融三諦」為妙法。其文云：

分別者，但法有粗妙，若「隔歷三諦」，粗法也。「圓融三諦」，妙法也。

所謂「隔歷三諦」，即指空、假、中三諦彼此相離、有所區隔，此即為別教之三諦；「圓融三諦」則是即空即假即中，三諦統一互融。

在《摩訶止觀．卷五上》裡，智者大師則提出「不思議」之三諦、三觀、三智的說法，更進一步地闡釋三諦、三觀、三智之圓融思想，並以此配合止觀的修行：

若無明法性合有一切法陰界入等，及是俗諦；一切界入是一法界，即是真諦；非一非一切，即是中道第一義諦。如是遍歷一切法，無非不思議三諦。若一法一切法，即是「因緣所生法」，是為假名，假觀也；若一切法即一法，「我說即是空」，空觀也；若非一非一切者，即是中道觀也。一空一切空，無假中而不空，總空觀也；一假一切假，無空中而不假，總假觀也；一中一切中，無空假而不中，總中觀也。即《中論》所說不可思議一心三觀。歷一切法亦如是。

若因緣所生一切法者，即方便隨情道種權智；若一切法一法，「我說即是空」，即隨智一切智；若非一非一切，「亦名中道義」者，即非權非實一切種智。例上，一權一切權，一實一切實，一切非權非實。遍歷一切，是不思議三智也。

智者將三諦、三觀、三智皆融入「三是偈」中而統一起來，三諦、三觀、三智相即圓融於一心。如表解：

因緣所生法 亦是為假名	一法一切法	俗諦	假觀	方便隨情道種智
我說即是空	一切法一法	真諦	空觀	隨智一切智
亦是中道義	非一非一切	中諦	中觀	非權非實一切種智

以上即為智者所建構的圓融三諦、三觀、三智思想。在《法華玄義．卷二下》「明三諦」中，智者詳細分辨了五種三諦：「別入通」、「圓入通」、「別三諦」、「圓入別」、以及「圓三諦」。其於「圓三諦」云：

「圓三諦」者，非但中道具足佛法，真俗亦然。三諦圓融，一三三一，如《止觀》中說。

智者在《法華玄義》「釋境妙」中，將所觀之境分別為六：十如境、因緣境、四諦境、三諦境、一諦境。智者認為，所謂「三諦」仍是言說教化上之方便，只為說明究竟之一實相諦；而「一諦」仍帶名相，更須直言「無諦」，方為究竟；「圓融三諦」實則是以三諦之言說闡明「一實相諦」的義理。所以，「一三三一」，圓融三諦即是一實相諦，更可藉此領悟「無諦」之究竟境界。

「一念三千」（性具・心具）之建構

在佛教中，眾生因不同的心性修養踐履，便會形成不同的存在境域；依佛教之說法，大致可分為十界：地獄、餓鬼、畜生、修羅、人、天、聲聞、緣覺、菩薩、佛等六道四聖所形成的十個界域，又可稱為「十法界」。

十界互具

檢點考察吾人於日夜所起的一念心，必屬於十法界中的某一法界。若與殺生等的瞋恚相應，是為地獄界；若與貪欲相應，是為餓鬼界；若與愚癡相應，是為畜生界；若與我慢勝他相應，是為阿修羅界；若與人倫的道德律相應，是為人間界；若與欲界、色界、無色界等的禪定相應，是為天上界；若與四聖諦之理相應，是為聲聞界；若與十二因緣觀相應，是為緣覺界；若與淨佛國土成就眾生的願行相應，是為菩薩界；若與真如法界相應，即是佛界。

前面已論述過智者大師的「圓融三諦、三觀」思想，由此「歷一切法」，無不皆是即空即假即中，此「十法界」亦然。《法華玄義．卷二上》便以圓融三諦之理，對十法界之相隔及互融有所說明。其文云：

皆稱法界者，其意有三。十數皆依，法界外更無復法，能所合稱，故言十法界也。二、此十種法，分齊不同，因果隔別，凡聖有異，加之以界也。三、此十皆即法界，攝一切法。一切法趣地獄，是趣不過，當體即理，更無所依，故名法界；乃至佛法界，亦復如是。若十數依法界者，能依從所依，即入空界也。十界界隔者，即假界也。十數皆法界者，即中界也。欲令易解。如此分別。得意為言，空即假中，無一二三，如前云云。

因三諦圓融之故，每一法界皆是即空即假即中。自假諦觀之雖界界相隔，歷歷分明；但實則十界皆歸一大法界而相融互具，每一法界皆具其它九法界。亦可言十界區隔是假、是權，十界互具，方是中、是實；而三諦圓融相即，權實不二。

百界千如

「百界千如」之語，見於《法華玄義・卷二上》：

今明權實者，以十如是約十法界，謂六道四聖也。……此一法界，具十如是。十法界具百如是。又一法界具九法界，則有百法界千如是。

由引文可知，所謂「百界千如」，即六道四聖等十法界，各界皆具「十如是」，十法界則具「百如是」；又依十界互具之理推算，則成「百法界千如是」。

此處所言之「十如是」，乃是在鳩摩羅什所譯之《妙法蓮華經・方便品》

中，提出諸法的十個共通範疇（此「十如是」不見於其他《法華經》之譯本）。其文云：

佛所成就第一希有難解之法，唯佛與佛，乃能究盡諸法實相。所謂諸法：如是相、如是性、如是體、如是力、如是作、如是因、如是緣、如是果、如是報、如是本末究竟等。

對於「十如是」的解釋，在《法華玄義》中有「通解」與「別解」二個層次，《摩訶止觀》則言「總釋」及「類釋」。「通解」、「總釋」即言十如是本身之意涵；而因為十法界之相性有所差異，各界之十如是亦有所不同，此即「別解」、「類釋」。《法華玄義．卷二上》對「十如是」之「通解」為：

通解者，「相」以據外，覽而可別名為相；「性」以據內，自分不改名為性；主質名為「體」，功能為「力」，構造為「作」，習因為「因」，助因為「緣」，習果為「果」，報果為「報」，初相為本，後報為末，所歸趣處為「究竟等」。若作如義，初後皆空為等；若作性相義，初後相在為等；若作中義，初後皆實相為等。

在十法界中，地獄、餓鬼、畜生三者稱為「下三途」；修羅、人、天為「三善」；聲聞、緣覺則為「二乘」，其與菩薩及佛皆有其相異之「十如是」，亦即十如是之「別解」、「類釋」。因其文字頗繁，在此僅表解如下：

相
- 三途－表苦為相
- 三善－表樂為相
- 二乘－表涅槃為相
- 菩薩佛－緣因為相

性
- 三途－定惡聚為性
- 三善－定善聚為性
- 二乘－解脫為性
- 菩薩佛－了因為性

體
- 三途－摧折心力為體
- 三善－升出色心為體
- 二乘－五分為體
- 菩薩佛－正因為體

力
- 三途－登刀入鑊為力
- 三善－樂受為力
- 二乘－無繫為力
- 菩薩佛－四弘為力

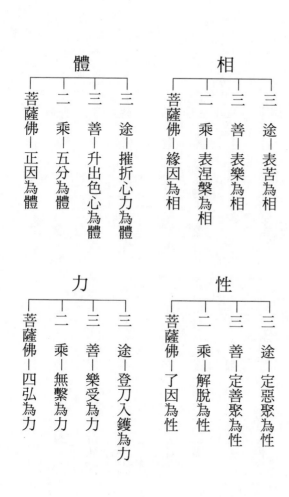

- 作
  - 三途—起不善為作
  - 三善—起五戒十善為作
  - 二乘—道品為作
  - 菩薩佛—六度萬行為作

- 因
  - 三途—有漏惡業為因
  - 三善—白業為因
  - 二乘—無漏慧行為因
  - 菩薩佛—智慧莊嚴為因

- 緣
  - 三途—以愛取等為緣
  - 三善—善愛取為緣
  - 二乘—行行為緣
  - 菩薩佛—福德莊嚴為

- 果
  - 三途—惡習果為果
  - 三善—善習果為果
  - 二乘—四果為果
  - 菩薩佛—三菩提為果

- 報
  - 三途—三惡趣為報
  - 三善—人天有為報
  - 二乘—後有田中不生故無報
  - 菩薩佛—大涅槃為報

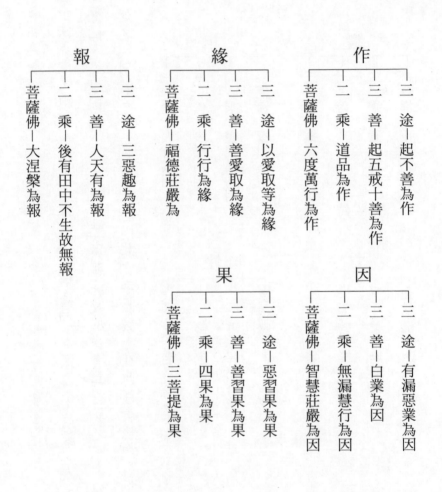

此處需要注意的是，總括「相」至「報」的「本末究竟等」，於十法界中皆具空、假、中三義。換言之，十如是本身亦涵蘊著空、假、中三諦之理。智者大師在《法華玄義》中，即以三轉讀「十如是」，來開顯三諦圓融的道理。其文云：

依義讀文，凡有三轉。一云：是相如、是性如，乃至是報如；二云：如是相、如是性，乃至如是報；三云：相如是、性如是，乃至報如是。若皆稱如者，如名不異，即「空」義也；若作如是相、如是性者，點空相性，名字施設，邐迤不同，即「假」義也；若作相如是者，如於中道實相之是，即「中」義也。

據引文所言，第一種讀法為：「是相如、是性如」乃至「是本末究竟如」；依前所言，「如」代表空諦，依此種讀法，則十如是皆表現諸法皆空之理。第二種讀法為：「如是相、如是性」乃至「如是本末究竟」，即取形成諸法現象的十個範疇，以此表示假諦。第三種讀法為：「相如是、性如是」乃至「本末究竟如是」，「是」或「如是」即不妄真實義，為中道實相；依此讀法，則十如是皆為中諦。

原本「十如是」三字各攝一諦而合稱，經此三轉讀，則空假中三諦互攝不離，圓融相即。十法界各具十如是，再次說明了十法界皆即空即假即中，故能「十界互具」，進而形成「百界千如」思想。而此「百界千如」即具於根塵相對的一念心中，其理如智者所云：「一念心起，於十法界中，必屬一界；若屬一界，即具百界千如法，於一念中，悉皆備足。」智者便以此為基礎，提出「一念三千」之說。

一念三千

「一念三千」語出《摩訶止觀．卷五上》，釋「觀陰入界境」中之「不思議境」時云：

一心具十法界，一法界又具十法界。百法界，一界具三十種世間，百法界即具三千種世間。此三千在一念心，若無心而已，介爾有心，即具三千。

此中即言十界互具而成百法界，百法界又悉具「三十種世間」；或言百法界各具「十如是」而成「百界千如」，十法界亦各具「三種世間」，「百界千如」配合「三種世間」，則成三千種世間。此三千世間便可在吾人之當下一念中呈現出來。

所謂「三世間」乃智者依龍樹大士於《大智度論．卷七十》中所言之三種世間——「五眾（陰）世間」、「眾生世間」、國土世間」——再予開展而成。

「世間」一詞，梵語為 loka，音譯「路迦」，即毀壞之義；又作 laukika，即世俗、凡俗之義，略稱「世」，指被煩惱纏縛之三界及有為有漏諸法之一切現象。又因「世」有遷流之義，「間」為間隔之義，故與「世界」一語同義，包含有情與國土（器世間）二者。所謂「三種世間」，便是將諸有情生存的外境及感受粗略地分為三大層面。

「三世間」實是就「十法界」說其各自不同結構的「國土世間」，就著眾生之類別說其存處於何種法界中的「眾生世間」，就諸法界之個別眾生說其生命狀態的「五陰世間」，「五陰」展開來即是「陰界入」。所以，「三世間」並非客觀之三種不同意義的「世界」，而是對於諸種不同的「世界」分說其中的「國土意義」、「眾生意義」及「五陰意義」。

三千界綜括法界之森羅萬象，作為「觀陰入界境—觀不思議境」的所觀之境。智者便於五陰、十二入、十八界中，「去丈就尺，去尺就寸」地但觀此心，如《摩訶止觀．卷五上》云：

然界內、外一切陰、入皆由心起。佛告比丘：「一法攝一切法，所謂心是。」……若欲觀察，須伐其根；如炙病得穴。今當去丈就尺，去尺就寸；置色等四陰，但觀識陰。識陰者，心是也。

更於此心但觀「介爾一念」，便見諸法萬象悉具於此當下一念之中。此一念心，即是眾生日用現前根塵相對所起之一剎那心念。現前起滅之一念，於十界中，必屬一界；若屬一界，即具百界千法。法界森羅諸法，於介爾之一心中，悉皆備足。介爾之一念動處，即法界之全體；一念之當體，宛然三千森羅，無一不具。因吾人之法性與心念，當下即圓具三千諸法，故又云「性具」或「心具」。

「三千」只是一個具象的概數，是對縱橫交錯、重重互疊、彼此相繫之諸法萬象的描述，故為「不思議境」——是不可以思議、不應該思議，不得進行思議的觀照；否則，思惟活動又會造成諸般情識染著。

因此，用「一念三千」來表述這「不可思議境」，僅是一種言說上的方便，而不能執為定有此「一念三千」。如《摩訶止觀．五上》云：

言語道斷，心行處滅，故名「不可思議境」！當知第一義中一法不可得，況三千法？世諦中一心尚具無量法，況三千耶？

智者以為第一義諦雖不可言說，然而有因緣時還是可以說的，這就是所謂的「四悉檀」因緣。如執著心定具三千法，則不可言說；若不執著的話，則自、他、共、無因四句皆可說。

再從另一角度觀之，此現前起滅之一念心，必屬十界中之一界，及某一世間、某一如是；因十界互具故，此一念又可轉化為其餘諸界、諸世間、諸如是之一念。故此一念心實包含了佛界乃至於地獄界之「三千世間」的無限可能性。

吾人一念之間既具上至佛界、下至地獄界的無限可能性，則吾人所處的主觀境界為何，則有賴於主體自身對其心念隨時隨處地觀照，以及思緒轉化之間的抉擇，由此可顯修行主體的自由。如智者所云：

> 此心幻師，於一日夜常造種種眾生、種種五陰、種種國土；所謂地獄假實國土，乃至佛界假實國土。行人當自選擇何道可從。

此即如佛馱跋陀羅譯之《大方廣佛華嚴經．卷十．夜摩天宮菩薩說偈品》所云：

> 心如工畫師，畫種種五陰；一切世界中，無法而不造。如心、佛亦爾，如佛、眾生然；心、佛及眾生，是三無差別。

依此論之，既然在主觀境界上吾人有著絕對的自由，能對自身的心念轉化予以抉擇，而形成不同的生命境界；相對地，吾人亦須對自己的心念流轉、一言一行，皆負起絕對的責任，修行者便應時刻觀照此心之當下現前之每一念，此或為「一念三千」思想的深義所在。

「敵對相即」——文殊師利法門之充分展現

「三道即三德」思想，或言「敵對種相即」理論，可說是天台圓教思想殊勝於他宗之處。北宋「中興天台」的四明知禮大師即言他宗教理「全不識敵對種」，由此可以見得「敵對相即」思想的重要性。以下便就智者大師「三道即三德」之敵對種思想的建構，予以論述。

「無明」與「法性」相即

在《摩訶止觀》中，智者對於三千諸法具於一心之「不思議境」又有所說明。其云：

若隨便宜者，應言「無明法法性生一切法」。如眠法法心，則有一切夢事。心與緣合，則三種世間、三千性相，皆從心起。一性雖少而不無，無明雖多而不有。何者？指一為多，多非多；指多為一，一少非少。故名此心為不思議境也。

此一念心實因無明與法性之和合而「生」三千諸法。智者即稱此「一念心」為「一念無明法性心」。

何以無明與法性皆具於心，而得以生起一切法呢？此因無明、法性二者皆為「無住」。因為「無明無住即法性」、「法性無住即無明」，無明與法性實是相即不二的。

智者在《摩訶止觀》中，又對此「無明法性相即」思想多所發揮。其文云：

幻化與空及以法性不相妨礙，所以者何？若蔽〔即指無明〕礙法性，法性應破壞；若法性礙蔽，蔽應不得起。當之蔽即法性，蔽起法性起，蔽息法性息。《無行經》云：「貪欲即是道，恚癡亦如是，如是三法中，具一切佛法。若人離貪欲，而更求菩提，譬如天與地，貪欲即菩提。」……山海色味無二無別，即觀諸惡不可思議理也。

無明癡惑本是法性；以癡迷故，法性變作無明，起諸顛倒，善、不善等。如寒來結水，變作堅冰；又如眠來變心，有種種夢。今當體顛倒即是法性，不一不異。

總括以上引文之意，法性、無明皆為「無住」，其當體皆為自性畢竟空，法性無明不相妨礙，更可進一步言無明即法性、法性即無明。只因眾生「癡迷」，所以「法性變作無明」，而生種種善惡顛倒；卻不知此無明顛倒當體即是法性，法性、無明之別乃是為方便教化所建立的名言施設而已。基於此無明法性相即之理，所以有「貪欲即菩提」、「婬怒癡即解脫」等「詭辭」之說。

對「三道即三德」思想之闡釋

依上所言「無明法性無住相即」之理，智者在《法華文句》中，則提出了所謂「相對種」的概念。在《法華文句．卷七上》云：

種者，三道是三德種。《淨名》云：「一切煩惱之儔為如來種」，此明由煩惱道即有般若也；又云：「五無間皆生解脫相」，此由不善即有善法解脫也；「一切眾生即涅槃相不可復滅」，此即生死為法身也。此就相對論種。若就類論種，一切低頭舉首皆是解脫種，一切世智三乘解心即般若種，夫有心者皆當作佛即法身種。

智者在此提出了「相對種」與「類種」兩個概念。四明知禮大師在其《觀音玄義記．卷一》中，則將此二種稱為「敵對種」及「類例種」，並對此二種之意涵有所解釋：

夫言種者，凡有二義：一、敵對論種，如三道是三德種；二、類例論種，如緣、了是智、斷種，性德法身為修德法身種，此二種皆取能生之義也。若以二執為種即敵對義。……故圓論性種有對有類。別無對種，學者審思；圓教反是，學者思之。

此處所謂的「三道」，即指惑、業、苦三道；「三德」則是指「法身性德」、「解脫斷德」、「觀照智德」。「三道」與「三德」本應是相對反的概念，亦即斷除三道後方能成就三德，智者卻言「三道是三德種」。

依知禮所釋，所謂「類例種」，即是就同一性質者以之為種。「緣、了」謂「緣因佛性」與「了因佛性」，其本身便涵蘊著般若德及解脫德，依其如實修行，便能成就二德。如此類者即是「類例論種」。

至於「敵對種」，則是以性質相對立者為種，亦即如智者所言：「由煩惱道即有般若」、「由不善即有善法解脫」、「即生死為法身」。煩惱、不善、生死，即是惑、業、苦三道；以此三道為三德之種並與其相即，便是「敵對論種」之思想。

知禮亦強調「圓論性種有對有類」，以為只有天台圓教方具「敵對論種」之教理，並在他處言除天台圓教外，其他皆「只知類種，全不識敵對種」。由此可見，「敵對種」思想乃是天台教理別於他宗的殊勝之處。

在《金光明經玄義．卷上》，智者將前面已論述過的「以無住本立一切法」，分成「從法性立一切法」及「從無明為本立一切法」的逆、順二路；再以此二路配合「十種三法」，以闡釋「金光明」三字之譬喻，在其中亦說明了「三道」及「三德」的關聯。其文云：

經言「法性無量甚深」，理無不統。文稱經王，何所不攝？豈止於三三九法耶？當知三字（即「金光明」）遍譬一切橫法門，乃稱「法性無量」之說；遍譬一切豎法門，乃稱「法性甚深」之旨。方合一切遍收，若長若廣，教無不統。此義淵博，不可以言想，且寄十種三法以為初門。復有三意：一標十數，二釋十相，三簡十法。

言標十數者，謂三德、三寶、三涅槃、三身、三大乘、三菩提三般若、三佛性、三識、三道也。諸三法無量，止取十法，其意云何？此之十法概括始終。今作逆順兩番生起。

初「從無住本立一切法」。夫三德者名祕密藏；祕密藏顯，由于三寶；三寶由三涅槃；三涅槃由三身；三身由三大乘；三大乘由三菩提；三菩提由三般若；三般若由三佛性；三佛性由三識；三識由三道。此「從法性立一切法也」。

若「從無明為本立一切法」者，一切眾生無不具于十二因緣。三道迷惑由十二因緣分說；翻惑生解，即成三識；從識立因，即成三佛性；從因起智，即成三般若；從智起行，即成三菩提；從行進趣，即成三大乘；乘辦智德，即成三身；身辦斷德，即成三涅槃；涅槃辦恩德利物，即成三寶；究竟寂滅，入于三德，即成祕密藏也。是為逆順次第甚深無量義。

「三道」至「三德」等十法，彼此有所相應，其名如下所列：

- 三道
  - 惑
  - 業
  - 苦

- 三般若
  - 實相般若
  - 觀照般若
  - 方便般若

- 三身
  - 法身
  - 報身
  - 應身

- 三德
  - 法身德
  - 般若德
  - 解脫德

- 三識
  - 菴摩羅識
  - 阿黎耶識
  - 阿陀那識

- 三菩提
  - 真性菩提
  - 實智菩提
  - 方便菩提

- 三涅槃
  - 性淨涅槃
  - 圓淨涅槃
  - 方便淨涅槃

- 三佛性
  - 正因佛性
  - 緣因佛性
  - 了因佛性

- 三大乘
  - 理乘
  - 隨乘
  - 得乘

- 三寶
  - 佛寶
  - 法寶
  - 僧寶

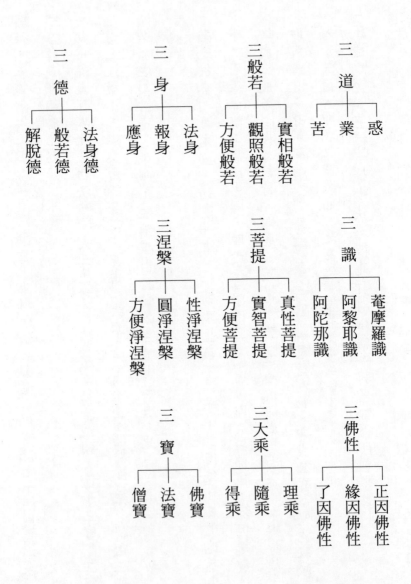

從「法性立一切法」，即由究竟之三德祕密藏逆推，推衍出三德得顯之因，最終即為惑業苦三道。「從無明為本立一切法」，則是從眾生皆具之十二因緣說起，迷惑則成三道；經「翻惑生解」而成「三識」；依此順理而修，最終即能成就「三德」。此即說明了由「三道」修成「三德」的歷程。

在此智者提到了「十二因緣」之說，所謂「十二因緣」，即無明、行、識、名色、六處、觸、受、愛、取、有、生、老死等十二支，乃是眾生因果輪迴之相狀。其又可分為「流轉」及「還滅」二門：無明緣行、行緣識、乃至生緣老死，十二因緣次第生起，此為順生死觀，是為「流轉門」；無明滅則行滅，行滅則識滅，乃至生滅即老死滅，十二因緣次第壞滅，此為逆生死觀，即是「還滅門」。此十二因緣又可分別為過現未三世兩重因果；在《俱舍論．分別世間品》中，則將此十二因緣歸納為「惑、業、苦」三道。（詳見下頁表解）

智者在《金光明經玄義．卷上》中，除了對十二因緣之為三道有所說明外，更一步言三道當體即真，與三德無異。其文云：

云何三道？過去無明，現在愛、取三支是煩惱；過去行，現在有，二支是業道；現在識、名色、六入、觸、受，未來生、老死，七支是苦道。此三更互相通，從煩惱通業，從業通苦，從苦復通煩惱，故名三道。苦道者，謂識、名色、六入、觸、受。《大經》云：「無明與愛，是二中間名為佛性。」「中間」即是苦道。「名為佛性」者，明生死身為法身，如指冰為水爾。煩惱道

十二因緣

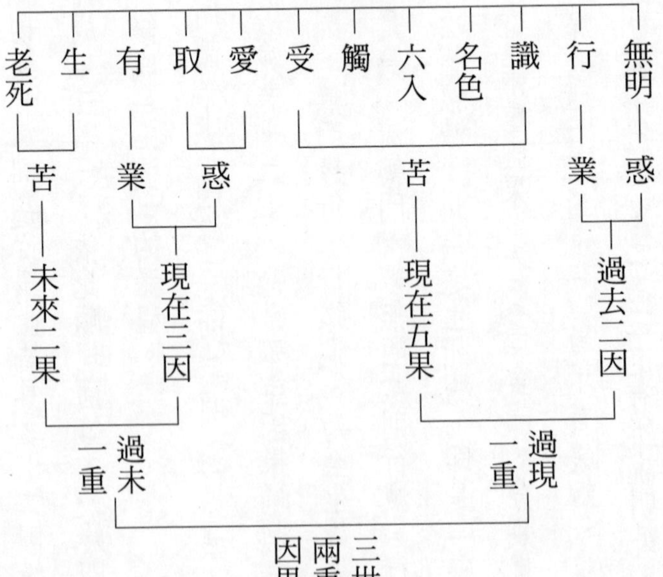

者，謂無明、愛、取。名此為般若者，如指薪為火爾。業道者，謂行、有，乃至五無間。皆解脫者，如指縛為脫爾。當知三道，體之即真，常樂我淨，與三德無二無別。

吾人應可由此「三道與三德無二無別」之說加以推論：「十二因緣」當體亦應與三德無二無別，當體即為常樂我淨，無所謂流轉、還滅之別。

智者在《法華玄義．卷二下》「釋境妙」時，將十二因緣分為四種：思議生滅、思議不生不滅、不思議生滅、不思議不生不滅。

所謂「思議生滅十二因緣」，是配合藏教業惑緣起的三世兩重因果及剎那生起的十二支緣起觀；「思議不生不滅十二因緣」，則是言通教（如《中論》）般若空偏於否定的因緣觀；「不思議生滅十二因緣」，為別教之因緣觀，如《華嚴經》、《究竟一乘寶性論》等經論，即屬此說。至於「不思議不生不滅十二因緣」，則為天台圓教之因緣觀。其文云：

無明、愛、取既是煩惱，煩惱道即是菩提，菩提通達無復煩惱；煩惱既無，即究竟淨，「了因佛性」也。行、有是業道，即是解脫；解脫自在，「緣因佛性」也。名色、老死是苦道，苦即法身；法身無苦、無樂，是名大樂，不生不死是常，「正因佛性」。故言無明與愛，是二中間，即是中道。無明是過去，愛是現在，若邊若中無非佛性、並是常樂我淨，無明不生亦復不滅。是名不思議不生不滅十二因緣也。

與前引《金光明經玄義》釋三道之言相近，而以「三因佛性」配合三道：煩惱道即「了因佛性」，業道即「緣因佛性」，苦道即「正因佛性」。如此則為「三道即三佛性」。

由此可知，智者之「三道即三因佛性」、「三道即三德」思想，乃是基於其「不思議不生不滅十二因緣」之因緣觀而建立的。在此，智者實已將佛教思想中之緣起論與實相論統一起來；亦可言其緣起觀乃是從「緣起即實相」的立場予以開展的。

在《法華玄義．五下》「明三法妙」中，智者則將前面所說的十種三法配於「三軌」而言其妙。其云：

> 言三法者，即三軌也，軌名軌範，還是三法可軌範耳。……總明三軌者，一、真性軌，二、觀照軌，三、資成軌。

藏、通、別、圓四教皆有其三軌。就三軌本身之性質而言，「真性軌」為「觀照軌」破惑開顯的對象，換言之，觀照軌是能彰顯真性軌之主體；「資成軌」則為資助觀照軌成就真性軌的諸種善行。前三教

三法	**對應**		
三軌	**真性軌**	**觀照軌**	**資成軌**
三道	苦道	煩惱道	業道
三識	庵摩羅識	阿黎耶識	阿陀那識
三因佛性	正因佛性	了因佛性	緣因佛性
三般若	實相般若	觀照般若	文字般若
三菩提	實相	實智	方便
三大乘	理乘	隨乘	得乘
三身	法身	應身	報身
三涅槃	性淨涅槃	圓淨	方便淨
三寶	法寶	佛寶	僧寶
三德	法身德	般若德	解脫德

之三軌與天台圓教之三軌的差異在於：藏、通、別三教之三軌皆各各差別而不融；天台圓教之三軌則是「三不定三，三而論一；一不定一，一而論三」不一不異，不縱不橫的「不思議三法」。

就天台圓教而言，若迷此三軌則會生起「三障」；卻亦能即此三障而令三軌得顯，進而成就三德。其文云：

若迷此三法，即成三障：一者，界內界外塵沙障如來藏；二者，通別見思障第一義空；三者，根本無明障第一義理。若即塵沙障達無量法門者，即資成軌得顯；若即見思障達第一義空者，觀照軌得顯；若即無明障達第一義諦者，真性軌得顯。真性軌得顯，名為法身；觀照得顯，名為般若；資成得顯，名為解脫。

由引文可推知，圓教之資成軌即為如來藏無量法門，顯為「解脫德」；觀照軌為第一義空，顯為「般若德」；真性軌則是第一義諦，顯為「法身德」。本是遮障三德之塵沙、見思、無明三障，在此處則可「即三障顯三德」，藉三障以通達無量法門、第一義空、第一義諦三者，而得以成就三德，實有「三障即三德」之意味。

將十種三法歸納於三軌，其本為「性德三軌」亦稱為「如來藏」，亦即「三道」；其末則稱「修德三軌」，又名「祕密藏」，即為「三德」。智者在此又論證惑業苦三道性相即是真性、觀照、解脫三軌性相，亦即為法身、般若、解脫三德性相。其文云：

今但明凡心一念及具十法界，一一界悉有煩惱性相、惡業性相、苦業性相。若有無明煩惱性相，即是智慧觀照性相。何者？以迷明故起無明，若解無明即是於明。《大經》云：「無明轉即變為明」。《淨名》云：「無明即是明。當知不離無明而有於明。如冰是水，如水是冰」。又凡夫一念即具十界，悉有惡業性相。祇惡性相即善性相，由惡有善，離惡無善，翻於諸惡即善資成。如竹中有火性，未即是火事，故有而不燒，遇緣事成即能燒物；惡即善性，未即是事，遇緣成事，即能翻惡。如竹中有火，火出還燒竹；惡中有善，善成還破惡。故即惡性相是善性相。

凡夫一念，皆有十界識、名色等苦道性相，迷此苦道，生死浩然。此是迷法身為苦道，不離苦道別有法身。如迷南為北，無別南也。若悟生死，即是法身。故云：苦道性相即是法身性相也。

夫有心者，皆有三道性相，即是三軌性相。故《淨名》云：「煩惱之儔為如來種」，此之謂也。

真性軌即苦道，觀照軌即煩惱道，資成軌即業道。苦道即真性者，下文云：「世間相常住」，豈不即彼生死而是法身耶？煩惱即觀照，觀照本照惑，無惑則無照，一切法空是也。文云：「諸法從本來，常自寂滅相」，即煩惱是觀照也。照如薪生火。文云：「於過去諸佛，若有聞一句，皆已成佛道」；又云：「深達罪福相，遍照於十方」，即是聞於體達煩惱之妙句也。資成即業道者，惡是善資，無惡亦無善。文云：「惡鬼入其心罵詈毀辱我，我等念佛故，皆當忍是事」。惡不來加不得用念，用念由於惡加。又威音王佛所，著法之眾聞不輕言，罵詈打拍，由惡業故還值不輕，不輕教化皆得不退。又提婆達多是善知識，豈非惡即資成？

在前一段引文中，智者用冰水、竹火、南北等譬喻，說明三道與三德之相即；在後一段中，智者則引用《法華經》中的文句及「常不輕菩薩」、「提婆達多」等本事，作為「三道即三德」之經證。由此亦可推論，智者大師「三道即三德」思想的發展，與其對《法華經》智慧之讀取及融會，亦有所關聯。

在此須注意者為「惡為善資成」的說法。依智者所引「惡鬼入心」及常不輕菩薩、提婆達多等事例，智者似認為眾生所遭遇的橫逆惡事，吾人皆可將其視為修行解脫之資助。在《妙法蓮華經·提婆達多品》中，釋尊不但視惡人提婆達多為善知識，更為其授記成佛。由此言「惡即善資」，除了肯定惡人亦能成佛外，也給予了世間橫逆之存在對於眾生的積極意義。

智者在此清楚地說明了三道與三因佛性及三德祕密藏的相關性，並確立了「三道即三德」之思想，亦即於凡夫之十二支惑業緣起中便得成就三德祕密藏。

換言之，眾生於其緣起之當下即蘊含成佛之機，而不假外求。如此則充分開顯了「眾生皆能成佛」的內在理據。

以上說明了三道與三德之相即，自三軌而言，則為「性德三軌」與「修德三軌」相即。其差別在於，三道乃「冥伏」之三軌，三德則為「彰顯」之三軌。雖有伏、顯之別，二者仍是相即不二，且相互為用的。如湛然於其《十不二門．修性不二門》中即言：

> 性雖本爾，藉智起修。由修照性，由性發修。

也就是說，「性德」須經「修德」方能開顯；「修德」亦須有本具之「性德」才得以發起。由此可言，「性德三軌」與「修德三軌」，亦即三道與三德，實是相即相成的。

知禮並就天台圓教之「即」義與他宗所言之「即」的差別處加以說明。其《十不二門指要鈔．卷上》云：

> 應之今家明「即」，永異諸師。非以二物相合；及非背面相翻；直需當體即

是，方名為「即」。何者煩惱生死既是修惡，全體即是性惡法門故，不須斷及翻轉也。諸家不明性惡，遂須翻惡為善；斷惡證善故，極頓者仍云本無惡元是善。既不能全惡是惡故，皆「即」義不成故。

於此可知，知禮認為他家之「即」，皆是「二物相合」或「背面相翻」，至高者亦只是對「惡」之否定而已，而不能真正達至天台善惡「當體相即」之思想層次。知禮便以此批評他宗：「只知類種，全不識敵對種也。」

由「三道即三德」言「不斷斷」

智者以此「三道即三德」之敵對相即義，更進一步言不可斷破十二因緣所成之三道而求三德，因為如此則有破壞法相之失。智者主張，能「深觀十二因緣」，了悟三道與三德相即不異，便是坐道場，能成就佛菩提。《法華玄義·卷三上》說明三道即三德、深觀十二因緣之理：

上上智觀者，觀受由觸：乃至行由無明，知十二支三道是三德，豈可斷破三道，更求三德，則壞諸法相。

煩惱道即般若，當知煩惱不闇；般若即煩惱，般若不明。煩惱既不闇，何須更斷？般若不明，何所能破？闇本不闇，不須於明。如者婆執毒成藥，豈可捨此取彼？

業道即是解脫者，當知業道非縛；解脫即業者，脫非自在。業非縛故，何所可離？脫非自在，何所可得？如神通人豈避此就彼耶？苦道即法身者，當知苦非生死；法身即生死，法身非樂。苦非生死，何所可憂？法身非樂，何所可喜？如彼虛空，無得無失，不忻不戚。

如是觀者，三道不異三德，三德不異三道。亦於三道具一切佛法，何者？三道即三德，三德是大涅槃，名祕密藏，此即具佛果；深觀十二因緣，即是坐道場，此即具佛因。佛因佛果皆悉具足，餘例可知。是名上上智觀十二因緣，得佛菩提。

智者於此將三道與三德間之差別消弭，所以三道與三德皆不闇不明、非縛非脫、非苦非樂，「無得無失，不忻不戚」，三道與三德相即不異。以此觀十二因緣，其即是三道，亦為三德，所以「佛因佛果悉皆具足」。此即為天台圓教之「不思議不生不滅十二因緣」觀。以此推論，則三道無可斷，三德亦無可求。

若是不明天台性具十界與佛不斷九界煩惱生死之理，則無法明瞭天台「圓斷」、「圓悟」之義，自然不能領會天台之「敵對相即」的意涵了。如《十不二門指要鈔．卷上》所云：

今既約「即」論斷，故無可滅；約「即」論悟，故無可翻。煩惱生死乃九界法，既十界互具方名圓，佛豈壞九轉九耶？如是方名達於非道，魔界即佛。故圓家論斷、證、迷、悟，但約染淨論之，不約善惡淨穢說也。諸宗不明性具十界，則無圓斷圓悟之義。故但得「即」名，而無「即」義也。

在此知禮言天台圓教之斷、證、迷、悟「但約染淨論之，不以善惡淨穢說也」，其所謂的「染淨」、「善惡淨穢」所指為何？二者有何不同呢？

知禮在《十二不門指要鈔》中，對「染淨」之意即有所解釋。其云：

> 以在纏心變造諸法，一多相礙，念念住著，名之為染；以離障心應赴眾緣，一多自在，念念捨離，名之為淨。……法性既作無明，全作無明之用，用既縛著，名之為染；無明若為法性，全起法性之用，用既自在，名之為淨。

由引文可知，知禮乃以「念念住著」、「用既縛著」為「染」，而以「念念捨離」、「用既自在」為「淨」。至於所謂的「善惡淨穢」，則是指六道四聖之善惡差別諸法而言。依十界互具之理，十界皆具善惡淨穢諸法，故不可以此為迷悟之依據，而只能以「住著、縛著」或「捨離、自在」之染淨判之。

因佛界亦具九法界穢惡性相，於此言其「不斷」；而由佛對九界染惡之解心無染，則言其為「斷」；合言之便是「不斷斷」，亦言「圓斷」、「不思議斷」。以此論天台圓教之「圓斷圓悟」，即是通達「三道即三德」之義，不斷九界穢惡諸法而成佛，成為天台宗所謂之「圓佛」，如此方能深契天台宗之圓旨。

文殊師利法門之「諸法即菩提」思想

在印度大乘佛教興起初期，其所集結的經典，依其說法著重內容之差異，或重甚深智慧的啟發；或重大悲救度精神的宣揚，而可區分為種種不同的「法門」。

其中，有部分以文殊師利（Manjusri）菩薩為主體或與其有關的經典，其說法的內容與方式，往往和一般大乘經典不同，呈現出特異的風格，吾人便將其稱為「文殊師利法門」。如《文殊師利所說摩訶般若波羅蜜經》、《維摩詰所說經》、《諸法無行經》、《入法界體性經》、《如幻三昧經》、《阿闍世王經》等，皆屬於此法門中的經典。

與文殊師利菩薩有關的經典，亦表現出其獨特的風格。其特色便在著重第一義諦、重無差別、不退轉之法門，只依自身體悟之勝義、法界、解脫等，往往以出格的言語及行止，「但說深法」地直捷對眾生予以開示，以令其亦能當下悟入。文殊菩薩甚至認為淺法不能令眾生解脫，所以即使聽者難以承受，怖畏驚恐，乃至因此而誹謗大乘，文殊菩薩亦要說甚深法，縱使聽眾因此而起惡心、墮地獄亦無妨。

而文殊說法之內容特色，便是肯定如「煩惱即菩提」般看似「弔詭」的思想。在文殊師利法門的經典中，常見此種相即不二的話頭。如《諸法無行經．卷下》云：

一切諸佛皆入貪欲平等法中故，遠離諍訟，通達貪欲性故。世尊！貪欲即是菩提。何以故？知貪欲實性，說名菩提，是故一切諸佛皆成就貪欲。

《文殊師利所說摩訶般若波羅蜜經．卷上》則云：

菩提即五逆，五逆即菩提。何以故？菩提、五逆無二相故。

在《如幻三昧經》中，記載文殊菩薩為無法超脫過去殺佛罪業之五百菩薩，而「執劍迫佛」，令五百菩薩得以了悟一切法如幻無我而得法忍之事蹟；並對舍利弗演說「一切諸法無罪無報」、「一切諸法悉如幻化，其相無相，不可得處」之理。在《阿闍世王經》中，文殊菩薩為化度一殺母之人，便亦化作一弒親之人，與其相約見佛，深悟無「作者、受者」、「生者、滅者」之理，而同成阿羅漢。由以上種種脫離世間常軌的出格語句及行動，文殊教法的凌厲逼人，可見一斑。

文殊師利菩薩何以能無礙地運用種種驚世駭俗的出格言說與行為來教化眾生，甚至認為聽者起惡心、墮地獄亦無妨呢？此與文殊法門的「法界」思想有關。

「法界」，梵文為 dharma-dhatu，或譯為「法性」、「法住」。「法界」即指一切法空性，一切法皆無不變易的自體，畢竟自性空。所以在法界中，一切名字安立之染、淨、凡、聖諸法，皆不可說有所差別。如《入法界體性經》中所云：

> 文殊師利，我不見法界有其分數。我於法界中，不見此是凡夫法、此是阿羅漢法、辟支佛法、及諸佛法。其法界無有勝異，亦無有壞亂。文殊師利，譬

如諸穀聚中不可說別，是法界中亦無別名。有此有彼、是染是淨、凡夫聖人及諸佛法，如是名字不可示現。

因諸法法性（空性）無別，所以染、淨、凡、聖諸法皆無有別異，一一法皆如如平等，不增不減；眾生界、法界亦為不二，一切法如如平等，無染無淨、無凡無聖、無智無得——此是「般若波羅蜜法門」所著重的無差別說。「文殊師利法門」則以此為基礎，更進一步地宣說：「煩惱即菩提」、「貪欲即菩提」、「五逆即菩提」等思想。

文殊所以會如此主張，實因為其具大智慧，深知煩惱與菩提皆為如幻即空、無相之法性，所以能宣說「諸法即菩提」的甚深第一義諦。又正因其所具之「不二」智慧，故能無礙地運用種種超越世間常軌的行止為說法方便，引領眾生悟入諸法實相。在此甚深智慧之中，諸法無非佛道，無非諸佛法門。如《維摩詰所說經》所云：

若菩薩行於非道，是為通達佛道。

有此四魔、八萬四千諸煩惱門，而諸眾生為之疲勞，諸佛即以此法而作佛事，是名入一切諸佛法門。

文殊菩薩乃至諸大乘菩薩，皆不捨世間眾生地示現種種方便，甚至以千萬煩惱惡法為法門，只為引領及救度眾生。此即菩薩基於法界平等之大智而展現的大悲精神，即是「文殊師利法門」之深義所在。

若就其「煩惱即菩提」、「貪欲即菩提」的思想而言「如來性惡」，則應從「惡性本空，與法性無二」的角度視之，煩惱染惡諸法亦不離法界；凡夫法乃至佛法悉歸法界，以此則不妨言「如來性惡」。

如來亦具性惡——圓教大悲心的極致

引人爭議的「如來性惡說」之提出，便是在《觀音玄義》「釋名」章之「料簡緣了」一節中。其內容大致可以分為四重問答，漸進地對「如來性惡說」予以闡明。以下便依問答之開展，逐步地予以說明，以瞭解其言「如來性惡」的根本意涵。

性惡／修惡之別

問：闡提與佛斷何等善惡？

答：闡提斷修善盡，但性善在；佛斷修惡盡，但性惡在。

所謂「闡提」，或言「一闡提」，指的是不信佛法、斷盡善根的極惡之人。此番問答就闡提與佛之差異，提出了「性（德）善」、「性（德）惡」以及「修（德）善」、「修（德）惡」兩對不同的善惡意涵，對其問題加以解釋。

問：性德善惡何以不可斷？

答：性之善惡，但是善惡之法門。性不可改，歷三世無誰能毀，復不可斷壞。譬如魔雖燒經，何能令性善法門盡；縱令佛燒惡譜，亦不能令惡法門盡。

如秦焚典坑儒，豈能令善惡斷盡耶？

此處對闡提之「性善」與佛之「性惡」何以不斷提出說明。依其所言，「性德善惡」乃是不可改、不能毀、不可斷的「法門」。

問：闡提不斷性善，還能令修善起；佛不斷性惡，還能令修惡起耶？

答：闡提既不達性善，以不達故，還為善所染，修善得起，廣治諸惡。佛雖不斷性惡，而能達於惡，以達惡故，於惡自在，故不為惡所染，修惡不得起。以自在故，廣用諸惡法門化度眾生，終日用之，終日不染，不染故不起，那得以闡提為例耶？若闡提能達此善惡，則不復名為一闡提也。

回答為：因佛「通達」於性惡法門，所以不會被惡所迷染、制約，如此則無「修惡」可言。而且佛反能自在地運用諸惡，作為教化及救度眾生之法門。如此推之，即使佛行諸般惡事，因其自在無染，而且其目的在於化度眾生，所以仍是「修善」而非「修惡」。

但是，何謂「達」於善惡呢？依知禮所釋：「提以邪癡斷於修善，既不能達性善本空，故為善染，修善得起；佛以空慧斷於修惡，了達性惡本來清淨，惡不能染，故泯修惡。」由此可知，達或不達、染或不染，乃是以能否以般若空慧了知善惡本無自性為判準。了達善惡之自性空，方能無所執著，清淨無染，更能令善惡皆成度生之方便法門，故能稱其斷於「修惡」。

因有性惡、修惡之別，所以智者之「性惡說」雖然亦予惡道眾生或言世間行惡之人一成佛的內在理據，但並非完全忽略了個體主觀實踐及實證的重要性，更不可能使之成為行惡亦無妨成佛的理由。

為何須「不斷性惡」？文中接著對「佛不斷性惡」的必要性予以闡明：

若佛地斷惡盡，作神通以化物者，此作意方能起惡。如人畫諸色像，非是任運。如明鏡不動，色像自形，可是不可思議理能應惡。若作意者，與外道何異？今明闡提不斷性德之善，遇緣善發；佛亦不斷性惡，機緣所激，慈力所熏，入阿鼻，同一切惡事化眾生。以有性惡故名不斷，無復修惡名不常。若修性具盡則是斷，不得為不斷不常。闡提亦爾，性善不斷，還生善根；如來性惡不斷，還能起惡。雖起於惡，而是解心無染；通達惡際即是實際；能以五逆相而得解脫，亦不縛不脫；行於非道，通達佛道。闡提染而不達，與此為異也。

依引文所述，正因佛之不斷性惡，在機緣感應之下，便能「入阿鼻，同一切惡事化眾生」。若是斷其性惡，則欲以諸惡事教化眾生時，便須有所「作意」，如此則與外道無異了。

智者大師在《法華玄義．卷六上》「明神通妙」時，曾對神通之不同加以判別。外道、二乘、六度菩薩、通教菩薩、乃至別教地前菩薩，皆是依「禪（定）」而發起神通，圓教之神通則是依實相而修，任運而發，不須作意。因此，在判別神通之粗時，智者便將藏、通、別三教之「作意神通」判為粗，圓教之「任運神通」則為妙。

由此推論，《觀音玄義》之「佛不斷性惡」說，亦涵蘊了智者大師對於「作意」與「任運」神通之判別，並以其作為支持「佛不斷性惡」的有力論證。

佛菩薩大悲精神之展現

就《觀音玄義》中對《觀世音菩薩普門品》的詮釋，由此而瞭解佛對九法界雜染惡法之「不斷」，乃是成就任運神通所必須的。

此圓教任運神通之呈顯，不但須要與中道實相之理相應，亦與其慈悲有關。對不同法界的眾生，便須生起同其相應之慈悲，以化現與其相同的依正二報。以其正報為例，如《法華玄義．卷六上》「明神通妙」所云：

若應同四惡趣者，用觀惡業慈悲熏無記化化禪，應作地獄等形質，黑髮纏身，猴猿鹿馬，大鷲、鵄烏、修羅等像。各各皆見同其事業。

若應人天身者，是用觀善業中慈悲熏無記化化禪，作善道身。如後身菩薩，正慧託胎，墮地七步；盥洗手足，楊枝自淨；納妃生子，厭世出家。乃至天像，亦復如是。各各皆見同其事業。

若應作三藏二乘者，是用析空慈悲熏無記化化禪。起老比丘像，共僧布薩律儀規矩。各各皆見同其事業。

若應通教者，是用即空慈悲熏無記化化禪，作體法應。觀無生，習應苦、空等悉不可得。各各皆見同其事業。

若應別教者，是用即假即中慈悲熏無記化化禪，起漸頓應。示修恆沙佛法。各各皆見同其事業。

若應圓教者，是用即空即假即中慈悲熏無記化化禪，起圓頓應。示修一中無量，無量中一。各各皆見同其事業。如是應同正報，不可稱計。可以意知，不可以言盡。

在依報方面，亦是用觀惡業慈悲乃至即空即假即中慈悲，應同示現淨國或穢國等諸種國土，自在地任運神通，以化度九法界眾生。

除「神通」之外，「說法」及「感應」亦皆相對地以圓教之任運神通為妙。在「說法妙」方面，亦是如「神通妙」一般，用諸般慈悲熏無記化化禪，相應於眾生之根器而開示無窮盡之法門，令眾生得以悟入佛意。在「感應妙」方面，智者便言「機相」可「以惡為機」，或「單以善為機」、「善惡不得獨為機」、「善惡相帶為機」等。

總之，善、惡皆可作為眾生與佛菩薩感應之機。在解釋「應」之粗妙時，則言藏、通二教為作意神通，其「應」為粗；別教初地及圓教初住則為任運神通，其「應」為妙。

依智者之喻，藏、通、別（地前）三教的「作意神通」如描摹之圖畫，仍有不似之處；而圓教之「任運神通」則如明鏡照顯，完全是眾生自身依報與正報的呈現。由此可知圓教之佛法界並非別於九法界眾生而超然獨立之法界，實是以十法界的一切善惡諸法為自身之境界。在《法華玄義・卷二上》明佛界之「十如是」時，其云：「人天但表善，亦不能表惡；二乘但表無漏，不兼善惡；佛相兼表一切相」，「佛豈有別法，祇百界千如是佛境界」。

由此可言，佛菩薩之所以「不斷性惡」，實是其與九法界眾生同體之大悲精神的展現。

依照以上所述，應可推論：從修行實踐的角度視之，則吾人所遭遇之諸般煩惱及惡人惡事，或可視為與佛菩薩相感應之機，亦可當作佛菩薩為化度吾人所示現的方便。如此則為吾人所遭逢的橫逆諸惡，賦予一所以發生或存在的意義，並將其消極破壞的負面作用，轉變成積極教化的正面動力。然而，這種「負面教化」須遭受橫逆者自悟，並非旁人所能輕易置喙。

綜合以上闡釋的兩層意義，可得知智者大師之「性惡說」，實涵蘊了眾生之「因地」與佛菩薩之「果用」盡皆圓滿具足的甚深義理。無怪乎湛然與知禮等天台諸師，皆高舉「性惡說」為天台宗教理獨步今古之極談。

參・後學傳承

至於天台大弘法華，章安集為論疏，荊溪製記申明，稟承教觀，實居震旦，是謂今師祖承。

天台宗傳至民國以降已數十世傳承。除了筆受智者大師教法的灌頂大師外，本章中僅介紹素有「中興」之譽、其教法影響後世頗鉅的唐代湛然大師、宋代知禮大師，以及於民國初期中興天台教法的諦閑法師。

章安灌頂（天台五祖）

灌頂大師（西元五六一年至六三二年），俗姓吳，字法雲，人稱章安大師、章安尊者，為天台宗智者大師之徒，被尊為天台宗五祖（以龍樹為初祖）。他整理出天台三大部及其他智者重要述作，在天台宗教義的確立上有重大貢獻。

灌頂於南朝陳文帝天嘉二年（五六一年）在浙江章安出生。其父早逝，由其母養育。七歲時從攝靜寺慧拯出家，二十歲受具足戒。

陳後主至德元年（五八三年），入光宅寺，成為智者大師弟子。次年，智者在光宅寺開講《法華經》，經灌頂筆記整理後，成為《法華文句》。後智者移居荊州玉泉寺，灌頂隨之前去。後又隨智者移居揚州禪眾寺。

智者為晉王楊廣（之後的隋煬帝）授菩薩戒，獲封「智者大師」；之後回到天台山，灌頂也隨之前往。此時，因隨從智者，曾與三論宗祖師嘉祥吉藏有所往來。

隋文帝開皇十一年（五九七年），智者圓寂。灌頂繼續居住在天台山國清寺，整理智者的講稿。智者在玉泉寺的講記，經灌頂筆記、整理後，成為《法華玄義》、《摩訶止觀》等書傳世。

師晚年於會稽稱心精舍說《法華經》，暢說《法華》要義，時人讚歎，有超越當時諸知名法師之譽。嘉祥吉藏大師之前已疏解《法華》；據說，其聽章安講此經後，即廢講、散眾（遣散信眾），投足章安座下請益，深悔從前疏解之妄。

灌頂寄情於山居、遠離塵累，止觀並修，並向各名僧大德請示法益。

唐太宗貞觀六年（六三二年）八月七日，於國清寺圓寂，春秋七十有二，僧臘五十二。

師初示輕疾，室有異香。臨終謂弟子曰：「彌勒經說，世尊入滅，多爇（焚）名香，其煙如雲；汝今可多焚香，吾將去矣。」門人皆瞻仰涕零。灌頂此時坐起合掌，口三稱阿彌陀佛，然後就臥，容色歡愉，奄然而逝。

在此之前，貞觀元年（六二七），有灌頂同學智晞入滅，臨終時云：「吾應往生兜率，見到先師智者，寶座上皆有人，只有一座空著；天人道，之後六年，有頂法師來升此座。」由時間算來，灌頂大師應如其所言往生兜率。

有人質疑：臨終口稱彌陀，乃往生西方淨土之徵象，為何會是往生彌勒菩薩的兜率淨土（兜率內院）？須知淨土唯心，兜率、極樂亦可互現，不妨其往生。

灌頂大師的著述計有《八教大意》、《智者別傳》各一卷，《觀心論疏》二卷，《國清百錄》五卷，《涅槃玄義》二卷，《涅槃經疏》二十卷，《真觀法師傳》、《南嶽記》各一卷。北宋時之吳越國王追謚曰：「總持尊者」。

《佛祖統紀》作者志磬贊道：

在昔智者，為佛所使，以靈山親聞法華之旨，惠我震旦；乃開八教，明三觀，縱辯宣說，以被當機可也。至於末代傳弘之寄，則章安侍右，以一遍記之才，筆為論疏，垂之將來，殆與慶喜（即阿難），結集同功而比德也。微（無）章安，吾恐智者之道將絕聞於今日矣。

智者有「東土釋迦」之譽，志磬將章安大師比為述說佛陀法教以集結經典的阿難，誠為實至名歸。

荊溪湛然（天台九祖）

湛然大師（西元七一一年至七八二年），唐睿宗景雲二年生於常州荊溪（江蘇宜興），俗姓戚。家世崇尚儒學，而師獨好佛法。

唐玄宗開元十五年（七二七），十七歲遊學浙東，尋師訪道。於東陽依止金華方巖，授與天台教門與《摩訶止觀》等書。

二十歲受學於天台宗八祖左溪玄朗；玄朗知其為不可多之得人才，乃誨以所傳天台教觀的宗旨。湛然之後十餘年間專研此學，並以在家居士身分宣說佛法，四方學者從之如流。

天寶七年（七四八年），湛然三十八歲，於宜興淨樂寺出家，至越州（浙江紹興）依止曇一律師，廣學律部，又至吳郡開元寺修習止觀。

針砭他宗，中興天台

天寶十三年（七五四年），玄朗圓寂，湛然便在東南一帶弘揚天台教法。當時禪宗、華嚴宗、法相宗等名師輩出，各闡宗風，

自智者大師破斥南北朝佛教後——南方偏重講習，北方偏重禪定，定慧不圓，百餘年間，學佛之士俱雙弘定慧，無「單輪隻翼」的弊病。自唐朝以來，則是禪宗、華嚴宗（又稱賢首宗）、法相宗（又稱慈恩宗、唯識宗）大盛，皆名滿京華，且為帝王師範。

然而，湛然以為，這些宗派在宗經弘論方面失其旨歸：講華嚴者，唯尊我佛；讀唯識者，不同意其他經論所言；至於教外別傳的禪宗，則但任胸臆（只隨己意發揮）而已。

當然，華嚴、唯識及禪宗宗旨並非真如湛然所言；只是，流傳既廣，其末流未免偏狹自限。

師慨然以中興天台宗為己任，常對弟子說：「道之難行也，我知之矣。……今之人或蕩於空，或膠於有，自病病他，道用不振。將欲取正，捨予誰歸？」

於是祖述所傳，撰寫「天台三大部」的注疏等數十萬言，顯揚宗義，令天台止觀之學得以再興。

湛然主要致力於兩方面：一方面，對天台的基本理論三大部都作了註解，並加以發揮，特別是使圓融三諦（空、假、中）之說更加深刻。

湛然大師認為，「空」、「假」兩者都有否定（遮）與肯定（照）兩方面意義，既非單純一義，也不是三者簡單地合稱，而是都具有遮照之義，此即「雙遮雙照」，進一步深化了空、假、中三諦之相耶。

另一方面，為了對比華嚴宗與唯識宗的緣起說，對於本宗的原有理論加以補充，便採取了《大乘起信論》中「如來藏緣起」的思想，亦即對於「性具」方面採取《起信論》的「真如隨緣」來解釋「一念三千」之說，以為「萬法是真如，由不變故；真如是萬法，由隨緣故」、「諸法真如隨緣而現，當體即是實相」。

此外，湛然大師直接批判了唯識、華嚴、禪宗各家的理論。唯識宗窺基大師曾作《法華玄贊》，其中有很多不同意天台宗的地方，湛然便寫了《法華五百問論》，提出了五百處錯誤對窺基之說加以批判。

對於禪宗，他在《止觀義例》中批判其禪法是「暗證」，無「教」作為根據。

至於對華嚴宗，他則寫了《金剛錍》一書。金剛錍是印度醫師醫治眼翳的工具，他藉以諷刺華嚴宗人也需要用金剛錍刮治眼中之無明。在這部書裡他，特別提出「無情也有佛性」的主張，與華嚴宗只承認「有情有佛性」的說法相抗衡。如《金剛錍》所云：

> 萬法是真如，由不變故；真如是萬法，由隨緣故。子信無情無佛性者，豈非萬法無真如耶？故法之稱寧隔於纖塵，真如之體何專於彼我？是則無有無波之水，未有不濕之波；在濕詎間於混澄，為波自分於清濁。雖有清有濁而一性無殊，縱造正造依，依理終無異轍。

湛然便由「萬法是真如」思想而倡導「無情有性」論，對天台宗思想獨超他宗發展的影響頗大。

由於湛然的努力，抬高了天台宗的地位，使天台宗一時有了中興之勢，他的理論亦為宋代天台宗的盛行打下了基礎。有識者言：「荊溪不生，則圓義（一乘圓頓教法）將永沉矣。」可說是相當中肯之評價。

但是，由於湛然吸收了《起信論》的思想，有許多含混不清之處也為宋代天台宗內部的分歧播下了種子。

說法不倦，法傳東瀛

唐玄宗、肅宗、代宗等帝前後下詔召師，師都託病固辭。師先在江蘇武進一帶弘法，後還居天台國清寺弘法，誨人不倦。在社會動亂、戰禍饑饉之時，前來從之受學者更多。

據傳，他曾與江淮名僧四十人，同禮五台山（據傳為文殊菩薩道場），遇密宗不空三藏門人含光；他對湛然說：「曾侍不空三藏遊天竺（即印度），梵僧曰：聞大唐有天台教跡，最堪簡（揀別）邪正、曉偏圓、明止觀，功推第一，是否可譯至此土耶？」聽到這番話，湛然不禁嘆道：「中國失法，求之四維（四方）；而此方於此圓頓教法，反而少有識者！」

唐德宗建中三年（七八二）二月，示疾於天台山佛隴道場，坐化前仍開導弟子三諦圓融及「六即」之理：

道無方，性無體，生之與死，其旨一貫。我歸骨此山，要與汝輩談道而訣。夫一念無相謂之空，無法不備謂之假，不一不異謂之中。在凡為三因，在聖為三德，爇炷則前後同相（喻六而即），涉海則深淺異流（喻即而六）。自利利人，在此而已，汝等當切記之。

說完，奄然而化，世壽七十二，戒臘三十四。

湛然被尊為天台宗第九祖，一般稱為「荊溪尊者」，又稱「妙樂大師」、「記主法師」。北宋開寶年間，吳越王錢氏又追謚師為「圓通尊者」。

弟子有道邃、行滿、元浩等三十九人；其中，元浩於《法華》、《止觀》

之學深有所得。道邃、行滿後來傳教觀給日僧最澄；最澄抄寫天台宗典籍送回日本，並建立日本天台宗，對日本佛教影響頗巨。

華嚴宗的清涼澄觀大師，早年亦嘗從湛然受學《止觀》及《法華》、《維摩》等疏。翰林學士梁肅，也曾從湛然學教觀，深得心要，嘗以《摩訶止觀》文義弘博，刪定為六卷，又述《止觀統例》一卷等；其說出入儒釋，和宋代理學極有關係。其讚歎湛然：

> 聖人不興，其間必有命世者出焉。自智者以法傳章安，章安再世至於左溪。明道（台教）若昧，待公而發（發揚光大），乘此寶乘，煥然中興。

自從智者大師以天台教法傳灌頂，灌頂再傳至左溪；之後，天台學一時沉寂。至荊溪湛然，天台學方得中興；一時間，天台教學又成顯學，四方學者紛紛皈依請法。若非「命世」之湛然，何能至此！

師一生弘法不輟，著作頗多，撰有——

《法華玄義釋籤》十卷

《法華文句疏記》三十卷
《法華文句科文》十六卷
《摩訶止觀輔行傳弘決》十卷
《法華三昧輔助儀》一卷
《維摩經略疏》十卷
《維摩經疏記》三卷
《涅槃再治疏》十五卷
《止觀大意》一卷
《止觀義例》一卷
《金剛錍論》一卷
《十不二門論》一卷（由《法華玄義釋籤》抄出別行）
《始終心要》一卷

四明知禮（天台十七祖）

知禮大師（西元九六〇至一〇二八年），字約言，宋真宗賜號「法智」，四明（今鄞縣）金氏子。

其父以子嗣未生，與妻李氏禱於佛前，夢神僧留下一童，並說：「此佛子羅睺羅也。」因此而有身孕。知禮於宋太祖建隆元年（西元九六〇年）誕生，家人便以「羅睺羅」為其命名。自幼神宇清明，骨相非凡，迥異他童。

七歲喪母，悟世事無常；為報養育之恩，急求出家；父不忍攔阻，便讓他依太平興國寺洪選長老出家。

開寶七年（九七四），十五歲受具戒，探究律部要義。太宗太平興國四年（九七九），時年二十，從四明傳教院寶雲義通大師學天台教觀。才剛到三天，便有過人的表現：

首座謂之曰：「法界次第，汝當奉持。」師曰：「何謂法界？」座曰：「大總持法門，圓融無礙者是也！」師曰：「既圓融無礙，何有次第！」座無對。才學習一月，便自講《心經》，聽法者都讚歎他的神悟。

修懺精進，爲衆捨身

雍熙元年（九八四），慈雲（遵式）從天台至此，從學於寶雲之門；知禮視為益友，情逾手足。端拱元年（九八八）寶雲圓寂。知禮於淳化二年（九九一），便受郡守所請，主掌乾符寺。

至道元年（九九五），學徒大集；因所居偏狹，不堪容眾，便遷徙至保恩院。至道二年（九九六），院主顯通捨院與師，作為「永作十方住持，傳演天台智者教法」之所。後經一番整修，成為講經之大道場，並改名為延慶寺。

不只精進於講經說法；知禮在修懺時，為了利眾，往往亦起大精進，奮不顧身。真宗咸平三年（一〇〇〇），四明大旱，知禮與慈雲同修《金光明懺》

祈雨，相約若三日無驗便自焚（《佛祖統記》），或說為燃一手供佛（《釋門正統》）。之後果然下起大雨，當地太守為之刻石記下此事。

師五十七歲時，為悲憫末世眾生懈怠，為激勵眾生，便邀異聞等十僧，修《法華懺法》三年，並準備懺期圓滿時，一起焚身供《法華經》。由此可其見為法忘軀、為眾生捨身的精神。

後來，由於朝野上下一再地殷勤勸請，才改變初衷；不過，為酬其宿願，又邀結十僧另修《大悲懺法》三年。足見其修懺精進之一斑。

另外，知禮亦提倡念佛。為了倡導僧俗大眾，勤修念佛，求生淨土，特別於大中祥符六年（一〇一三）在延慶院創建「念佛施戒會」，製定建會之法，並親撰〈結念佛會疏〉一文，砥礪念佛。

精判山家山外，揀別天台法脈

咸平六年（一〇〇三），日本僧人寂照持日本國著名學者源信問目二十七則，來請師答；師按來問，逐條具答。源信是當時日本國內十大禪師之一，竟然不憚風浪險阻，不遠千里就教，足見知禮弘傳天台教觀的聲望，業已風聞海內外。

然而，也就在此時節，發生了知禮生平的一大事，亦為宋代佛教史的一大事，便是發生在北宋初年、中國佛教思想史上最大的一次義理論爭。以知禮為代表、屬於天台正統的「山家派」，對抗糅雜「真如隨緣」、「真心觀」的「山外派」。前後共三次、前後達數十年之久的論爭，影響天台宗在宋代以後的發展。

一、《金光明玄義》廣略本之辯

智者《金光明玄義》原有廣略二本並行於世。當時卻有知禮的叔輩慈光悟恩撰《金光明玄義發揮記》，主張略本方是智者真撰，認為具有「觀心十法」

的廣本是後人偽造；其後悟恩的弟子奉先源清與靈光洪敏共撰《難詞二十條》輔助闡揚其說。知禮則於真宗咸平三年撰《金光明玄義釋難扶宗記》評破其非，從此開啟山家、山外義理之爭的序幕。

知禮原先猶顧慮「評是議非，則近於諍競」，且念在悟恩的輩分，源清、洪敏又是「學解有聞，蓋吾宗之先達」，而不打算輕率開起戰端。後來因禁不起善信一再的請求與鼓勵，最後不得已才提筆「釋二師之難詞，救一家之正義」。

然而，源清的兩位門人，梵天慶昭和孤山智圓合撰《辯訛》，「驗《釋難》之非，求《發揮》之得」；知禮遂又撰《問疑書》加以詰問。

隨後，慶昭陸續有《答疑書》、《五義書》之連番答辯，知禮則有《詰難書》、《問疑書》之責難；乃至慶昭逾年未覆，知禮又寫《覆問書》催其答覆。末後，慶昭才又撰《釋難書》辯護，但已是理屈而詞窮了。

到真宗景德三年（一〇〇六）十二月，知禮又「攢結前後十番」之文，編撰成《十義書》，遣派弟子神照本如持往詰問慶昭、智圓；後來是智圓特請錢唐郡守出面調停，方免除一場當面的衝突。

隔年五月二十六日，慶昭有《答十義書》一軸，知禮於六月十五日又撰《觀心二百問》。慶昭在接到《觀心二百問》後，回給知禮一封信，表達對知禮之敬仰與推崇，之後也就不再參與辯論。

經過十餘年，孤山智圓又於真宗天禧二年（一〇一八）撰《金光明玄義表微記》，提出「四失九證」，非議廣本的觀心釋；知禮遂在智圓示寂的次年，即仁宗天聖元年（一〇二三）著《金光明玄義拾遺記》，一一加以破斥，至此告一段落。

以上便是以《金光明玄義》為論辯主軸，前後長達二十四年的論爭。

二、《十不二門》之辯

《十不二門》是荊溪湛然在《法華玄義釋籤》中以十種「不二門」結釋智

者《法華玄義》「跡門十妙」之文；因原文言簡意賅，解讀不易，故部分後人不自覺地以華嚴宗「性起」的思路來解天台宗之「性具」論。

例如，奉先源清著《十不二門示珠指》，主張真心觀，慧光宗昱（與義通同門）著《注十不二門》，又倡靈知心性之說，皆在教理上偏於於華嚴宗。

景德元年（一〇〇四），知禮便撰《十不二門指要鈔》批判二人之著作，並提出「別理隨緣」之說，認為「真如緣起」的涵義，別、圓二教所說不同。別教所言真如，超然於差別的事相之外，理事相隔別，所以稱為「別理」，或稱為「但理」。圓教則認為真如理中本來就具有差別的事相，事理相融；其隨緣而作一切諸法，乃是舉體隨緣，舉體不變，即不變而隨緣，即隨緣而不變；所以稱為「理具隨緣」。

然而，山外諸師反對此說。梵天慶昭的弟子永嘉繼齊作《指濫》，說真如不變隨緣正是今家圓教之理，別教豈有隨緣？知禮於是作《別理隨緣二十問》反破。天台元穎作《徵決》，支援繼齊；又有嘉禾子玄，作《隨緣撲》助之。

知禮的弟子淨覺仁岳則作《別理隨緣十門析難書》，析破諸難，成立知禮之說，辯難乃漸息。

知禮所立「別理隨緣」義，闡揚天台的「性具」說，既釐清了山外派的夾雜混淆，同時也調和且剖判了天台與華嚴、唯識諸宗間教相的複雜關係，在宗派的彼此競爭中，突顯了天台一家思想的殊勝處，對於天台宗後世的發展影響頗大。

三、「約心觀佛」之辯

知禮於真宗天禧五年（一〇二一）、六十二歲時撰《佛說觀無量壽佛經疏妙宗鈔》（以下略稱為《妙宗鈔》），為晚年之力作。因為是在前兩番論諍之後，同時也是批判孤山智圓所撰《請觀音經疏闡義鈔》中不知「理毒（理體本具毒害）是性惡」的論辯之後，所以此書中所詮顯的思想義理及修行方法，都足以代表他最後的定見。

書中並將天台圓頓教義與淨土念佛法門做緊密結合，不但深符「教觀雙美」的旨趣，亦確立了後代天台子孫「教崇天台，行專淨土」的修行方向。在闡揚教義方面，除了天台之舊義外，對於揀擇別圓、色具三千（色心不二；心具三千，當然色亦具三千）等義理皆有精闢發揮。

慶昭的弟子永福咸潤作《指瑕》，固執「獨頭之色不具」三千等義；淨覺仁岳作《抉膜》述心色不二義評破他。咸潤另述《籤疑》，反駁知禮《對「闡義鈔」辨三用一十九問》與《釋請觀音疏中消伏三用》，扶助智圓《請觀音疏闡義鈔》之說，仁岳又撰《止疑》批駁之。

但是，令後人難以理解的是，在與山外諸師的論爭中「禦侮之功」甚偉的仁岳，卻因不滿於知禮「約心觀佛」之談，先後作《三身壽量解》、《十諫書》、《雪謗書》等與知禮爭論；後因知禮病中，遂不復辯。

至於仁岳之說，則於知禮示寂後，為其再傳弟子妙悟希最所破；當時仁岳仍在，見之曰：「四明之說，其遂行乎。」知禮之說至此貞定無疑。

仁宗天聖六年（一〇二八）正月初一日，知禮建金光明懺七日；至第五日，結跏趺坐，召大眾說《法華》，告誡大眾云：

吾竭力盡心建此道場，誓願流通天台教觀，汝等善自荷擔，莫作最後斷佛種人。吾祖至訓，汝其思之。夫生必有死，猶旦暮然，汝等當勤精進，修道無間，則世世生生，相逢有在矣！

驟稱阿彌陀佛數百聲後，奄然而逝。壽六十九，僧臘五十四。經過二七日後，發龕示身，見其顏貌如生，且爪髮俱長。再經七日，於延慶院南門郊外，舉行荼毘火化時，待火滅煙消，得舌根不壞；此瑞相同「七佛譯經師」鳩摩羅什，可證其說法之無謬！

宋代雪竇重顯禪師對知禮大師之評價，可說甚為的當：

四明以上聖之材，當中興之運，東征西伐，再清教海，功業之盛，可得而思。……自荊溪而來九世，二百年矣，弘法傳道，何世無之。備眾體而集大成，辟異端而隆正統者，唯法智一師耳。是宜位陪列祖，號稱中興。

知禮極力闡發天台教義，又經數度論辯正宗天台心法，可謂著作等身，包括——

《觀音玄義記》二卷

《觀音義疏記》二卷

《金光明玄義拾遺記》三卷

《光明文句記》六卷

《觀無量壽佛經疏妙宗鈔》三卷

《金光明釋難扶宗記》二卷

（以上五部著作，可視為知禮闡釋天台教義之代表作）

《十義書》三卷

《十不二門指要鈔》二卷

《觀心二百問》一卷

《對闡義鈔辨三用一十九問》一卷

《釋請觀音疏消伏三用》一卷

《解謗書》三卷

《金光明三昧懺儀》一卷

《千手千眼大悲心咒行法》（或稱《大悲懺法》或《大悲心咒懺法》）一卷

《修懺要旨》一卷

《授菩薩戒儀》一卷

其餘如《觀經融心解》、《起信融會章》、《別理隨緣二十問》、《消伏三用章》、《光明玄義當體章問答》、《釋日本源信問》、《釋楊文公三問》等，並載於宗曉所輯之《四明教行錄》中。

諦閑法師（天台宗四十三祖）

諦閑法師於清咸豐八年（西元一八五八年），出生於浙江黃岩，俗姓朱，名古虛，號卓三。

幼時見出家眾便覺歡喜。九歲時父親病歿，乃從母舅習醫。一日問舅曰：「藥能醫命乎？」舅答：「藥只治病，安能醫命！」是以轉尋醫命之學，頗有出世之想。

十八歲結婚，經營藥店，屢為貧者施藥。二十歲，妻亡子喪、慈母往生，強烈感到世事若夢幻泡影；認為藥物與醫術只能醫身、不能醫心，只能治病、不能治命，遂遁入白雲山，依成道法師出家。

二十四歲，於天台山國清寺受具足戒。先後親炙敏曦、曉柔、大海等諸師研習《法華》、《楞嚴》等經。二十六歲至平湖福臻寺，從敏曦學天台教觀，被歎為法門龍象。復往慈溪聖果庵閉關閱藏。

二十八歲時，於杭州六通寺開講《法華經》，某日忽寂然入定；再出定時，文思泉湧，辯才無礙，答難析疑，舒展自在。一生說法利人，便端肇於此。

二十九歲，光緒十二年（西元一八八六年），承受定融大師授記付法，傳持天台教觀第四十三世。先後掩關三次，專修禪觀。四十六歲首任永嘉頭陀寺住持，歷任紹興戒珠寺、上海龍華寺、寧波觀宗寺、天台山萬年寺等住持；其間應各地僧俗之請，講經四十餘年。在上海、浙江、江蘇、安徽、山東、遼寧，黑龍江等地講經說法，座無虛席，《法華》、《楞嚴》、《教觀》、《梵網》無所不講。

五十三歲，值宣統二年（一九一〇），於南京設立佛教師範學校，並任校長。民國初創，至北京向知識分子傳教，並抗拒廟產興學運動，盡力保護寺院，並致力於教導青年僧眾。

民國初年（一九一二）冬，受聘住持寧波觀宗寺，其為一天台宗道場。法師處眾謙和，持身有則，不辭辛勞，將寺中多處建築整修一新。之後創設了觀宗研究社，各方緇素，雲聚於此，蔚為東南名剎，法師因此被譽為觀宗寺中興之祖。

民國七年，北京發起講經會，徐文蔚居士主其事，擬請法師開講《圓覺經》

及《大乘止觀》。徐文蔚親自南下至觀宗寺迎請。到達北京後，法師不顧長途跋涉之疲累，白天撰寫講義、晚上登座宣講，連講了三個多月，請求皈依者的不下數萬。蔣維喬、黃少希等從旁記錄講義以外之語，撰成《親聞記》數十萬言。

《圓覺經》是法師日誦功課之一，歷數十年之久，對經中的思想有深入之體悟；其站在天台宗的角度，多發前人所未發之獨到見解。

關於《圓覺經》

《圓覺經》是《大方廣圓覺修多羅了義經》的簡稱。主要內容是佛入於神通大光明藏三昧，為文殊菩薩、普賢菩薩、普眼菩薩、金剛藏菩薩、彌勒菩薩、清淨慧菩薩、威德自在菩薩、辯音菩薩、淨諸業障菩薩、普覺菩薩、圓覺菩薩和賢善首菩薩等十二位大菩薩，就有關修行菩薩道所提出的問題，宣說如來圓覺的妙理和修行方法。後收入《大藏經》之「華嚴部」。

唐代智昇《續古今譯經圖記》中，首次記錄此書為佛陀多羅（Buddhatrāta）所譯，但譯出時間不詳，因此亦被疑為偽經。最早提倡此經的是華嚴宗五祖圭峰宗密，並為此經作了七部註解。

本經雖被疑為偽經，然而因其義理深湛，唐、宋以來便是天台宗、華嚴宗、禪宗等宗派宣說頗盛的經典。

民國八年，法師於觀宗寺開創觀宗學舍、觀宗研究社，並講經弘法。後又主講於觀宗學舍，羅致學僧，授以台宗大小諸部，於是人才蔚起，僧俗弟子包括寶靜、常惺、仁山、顯蔭、倓虛、戒塵、持松、妙真、蔣維喬、黃少希等，對於天台義學之弘揚，貢獻甚偉。

民國十八年，法師門人倓虛於哈爾濱創建極樂寺，就寺傳戒，請法師為得戒和尚。法師以七十二歲高齡飛錫北上，求戒比丘多達一百多壇。每天下午四時開座，至翌日上午十時圓滿，諸執事皆輪番休息，法師卻趺坐壇中，歷十八小時而端然不動，亦不飲食便利，見者無不肅然欽服。

民國二十一年（西元一九三二年）七月，法師於五月十九日將觀宗寺全權付託寶靜法師掌理；至七月初二午前，忽然向西合掌念佛，至午後一時三刻安祥圓寂於觀宗寺，世壽七十五，僧臘五十五。後建塔於慈溪五磊山。

門下弟子極盛，有「民國中興天台教觀」祖師之美譽。著有《大佛頂首楞嚴經指味疏》、《圓覺經講義》、《圓覺經親聞記》、《普門品講義》、《念佛三昧寶王論義疏》、《水懺申義疏》、《梁皇懺隨聞錄》、《金剛經新疏》、《始終心要略解》、《教觀綱宗講義》、《觀經疏鈔演義》、《大乘止觀述記》等書，後人合輯為《諦閑大師遺集》刊行。

附錄

智者歲數—西元—帝號—年號

一歲　五三八　梁武帝　大同四年

‧誕生於荊州華容。俗姓陳，幼名稱「光道」，又名「王道」。

‧南朝佛教在梁武帝時期達到鼎盛。

七歲　五四四　梁武帝　大同十年

‧喜往伽藍，諸僧訝其情志，口授《法華經．普門品》，一聽聞便能背誦。

十五歲　五五二　梁元帝　承聖元年

‧值孝元帝之敗，家國殄喪，親屬流徙。於長沙佛像前發願：誓作沙門，荷負正法，為己重任！

‧侯景詐立，簡文帝改太清年為大寶元年。梁元帝知簡文制在，臣賊不用，寧於江陵改元承聖元年。

十七歲　五五四　梁元帝　承聖三年

‧父母相繼往生。

‧十一月國敗，梁元帝投降，為魏所執。二月，魏人戕帝。

‧天下大權歸於陳霸先之手，遂改國號為陳。

十八歲　五五五　梁敬帝　紹泰元年

‧投禮長沙果願寺法緒法師出家，法名智顗，受沙彌十戒。

二十歲　五五七　陳武帝　永定元年

‧於二十歲受具足戒，依慧曠律師學習戒律，精通律藏及具禪定基礎。

‧其間於湖南衡陽大賢山讀誦《法華經》、《無量義經》、《普賢觀經》等，歷涉二旬，誦通三部。進修方等，勝相現前。

‧西魏、梁滅。

二十三歲　五六〇　陳文帝　天嘉元年

‧入光州大蘇山，投禮慧思禪師，受學禪法，精進修習。

・自證法華三昧後，辯才無礙。慧思禪師常令其代講，得「說法人中，最為第一」之譽。

三十歲　五六七　陳（廢帝）光大元年

・奉慧思禪師命，同法喜二十七人至金陵。

・與大忍法師於蔣山論法，受僧俗推崇。

三十二歲　五六九　陳宣帝　太建元年

・於瓦官寺大開法筵，初講《法華》經題，說五重玄義，帝令群臣畢集聽法。

・講《大智度論》、《次第禪門》。

三十七歲　五七四　陳宣帝　太建六年/北周武帝建德三年

・北周武帝滅佛。

三十八歲　五七五　陳宣帝　太建七年

・居瓦官寺八年（五六八至五七五）。秋九月，離金陵，初入天台。

四十歲　五七七　陳宣帝　太建九年

‧南嶽慧思禪師入滅。

四十一歲　五七八　陳宣帝　太建十年

‧五月一日，左僕射徐陵啓奏「智顗禪師，創立天台，宴坐名巖，宜號修禪寺。」陳宣帝敕給天台山「修禪寺」寺名匾額。

四十四歲　五八一　陳宣帝　太建十三年／隋文帝開皇元年

‧北周滅亡，隋朝繼起。

‧建放生池。講《金光明經》，漁者聞法而棄殺業。

四十七歲　五八四　陳後主　至德二年／隋文帝開皇四年

‧受陳永陽王伯智禮請，至臨近天台之東陽説法。

四十八歲　五八五　陳後主　至德三年／隋文帝開皇五年

‧陳後主七次遣使邀請，師方重返金陵弘法。

・移居光宅寺。四月，陳後主請師至太極殿講《大智度論》、《仁王般若經》經題。

五十歲　五八七　陳後主　禎明元年/隋文帝開皇七年

・於光宅寺講《法華文句》。章安灌頂時年二十七歲，始聽講經文，並為顗師說法做筆錄。

五十一歲　五八八　陳後主　禎明二年/隋文帝開皇八年

・為避金陵戰亂，師欲返回故鄉荊州，途中居留潯陽匡山（即廬山）。秦孝王楊俊欲召請，師未前往。

五十二歲　五八九　隋文帝　開皇九年

・隋滅陳，結束紛亂四百年的魏晉南北朝時期，漢地再度一統。

五十三歲　五九〇　隋文帝　開皇十年

・隋文帝統一天下，正月十六日特以敕詔慰問，詔書首句云：「皇帝敬問光宅寺智顗禪師……」。

・原任并州總管的晉王楊廣（後來的隋煬帝），調任揚州總管，在此創立慧日道場，招請各地高僧前往講學。

五十四歲

五九一　隋文帝　開皇十一年

・受晉王楊廣敦請至揚州。十一月二十三日，楊廣於金城殿設千僧大法會，並向師求授菩薩戒。師曰：「大王紆遵聖禁，名曰總持。」。晉王則云：「大師傳佛法燈，稱為智者。」師從此被尊稱為「智者大師」。

五十五歲

五九二　隋文帝　開皇十二年

・離開揚州，回到誕生地荊州，以報生地之恩。

五十六歲

五九三　隋文帝　開皇十三年

・於當陽縣玉泉山造玉泉寺，並重修十住寺。

・據傳，關羽父子顯靈乞戒，求為護法弟子。

・七月二十三日，隋文帝賜「玉泉寺」匾額。

五十七歲　五九四　隋文帝　開皇十四年

・於玉泉寺講《摩訶止觀》、《法華玄義》，皆由灌頂筆錄成書。

五十八歲　五九五　隋文帝　開皇十五年

・正月二十日，復受楊廣之請，再至揚州講《維摩詰經》，並著《淨名義疏》十卷。

五十九歲　五九六　隋文帝　開皇十六年

・春，離揚州，重返天台。繼續撰著《淨名義疏》。

六十歲　五九七　隋文帝　開皇十七年

・十月，應楊廣誠召出山；行至石城山新昌大佛像前病篤。專念彌陀、觀音及般若。造發願文、口述遺書，索三衣鉢，命淨掃灑，唱二部經（《法華經》、《無量壽經》）為最後聞思！

・十一月二十四日未時入滅，安詳圓寂，春秋六十，僧臘四十。

五九八　隋文帝　開皇十八年

・晉王為大師創寺，名曰天台寺；至隋煬帝大業元年改名國清寺。

參考資料（依作者姓名筆畫排序）

中村瑞隆著，心靈雅集編譯組譯，《眞實之道——法華經》，大展出版社。

尤惠貞，《天台宗性具圓教之研究》，文津出版社。

方東美，《中國大乘佛學》，黎明文化事業公司。

王志遠，《宋初天台佛學窺豹》，佛光出版社。

平川彰著，林保堯譯，《法華思想》，佛光出版社。

玉城康四郎主編，許洋主譯，《佛教思想（二）．在中國的開展》，幼獅文化事業公司。

田村芳朗等著，釋慧嶽譯，《天台思想》，華宇出版社。

宇井伯壽著，李世傑譯，《中國佛教史》，協志工業叢書。

安藤俊雄著，釋演培譯，《天台性具思想論》，天華出版公司。

——蘇榮焜譯，《天台學——根本思想及其開展》，慧炬出版社。

牟宗三，《佛性與般若》上、下冊，學生書局。

吳汝鈞，《天台智顗的心靈哲學》，臺灣商務印書館。

——《法華玄義的哲學與綱領》，文津出版社。

呂　澂，《中國佛學思想概論》，天華出版公司。
李志夫編著，《法華玄義研究》上、下冊，中華佛教文獻編撰社。
——編著《摩訶止觀之研究》上、下冊，法鼓文化。
河村孝照著，許洋主譯，《法華經概說》，新文豐出版公司。
後藤大用著，黃佳馨譯，《觀世音菩薩本事》，天華出版公司。
唐君毅，《中國哲學原論．原性篇》，學生書局。
——《中國哲學原論．原道篇．卷三》，學生書局。
馬定波，《中國佛教心性說之研究》，正中書局。
張曼濤主編，《中國佛教的特質與宗派．現代佛教學術叢刊．冊三一》，大乘文化出版社。
——《天台典籍研究．現代佛教學術叢刊．冊五八》，大乘文化出版社。
——《天台宗之判教與發展．現代佛教學術叢刊．冊五六》，大乘文化出版社。
——《天台思想論集．現代佛教學術叢刊．冊五七》，大乘文化出版社。
——《天台學概論．現代佛教學術叢刊．冊五五》，大乘文化出版社。
郭朝順，《天台智顗的詮釋理論》，里仁出版社。
陳士強、王雷泉等主編，《中國學術名著提要．宗教卷》，上海：復旦大學出版社。

陳沛然，《佛家哲理通析》，東大圖書公司。
陳英善，《天台性具思想》，東大圖書公司。
陳英善，《天台緣起中道實相論》，東初出版社。
勞思光，《新編中國哲學史》（二），三民書局。
湯用彤，《隋唐五代佛教史》，慧炬出版社。
黃懺華，《佛教各宗大綱》，天華出版公司。
黃懺華等著，《中國佛教教理詮釋》，文津出版社。
楊惠南，《佛教思想發展史論》，東大圖書公司。
熊琬，《高僧傳》，時報文化出版公司。
潘桂明，《智顗評傳》，南京大學出版社。
潘桂明、吳忠偉，《中國天台宗通史》，江蘇：鳳凰出版社。
日僧凝然著．鎌田茂雄日譯．關世謙中譯，《八宗綱要》，佛光出版社。
賴永海，《湛然》，東大圖書公司。
——《中國佛性論》，佛光出版社。
霍韜晦，《絕對與圓融》，東大圖書公司。

鎌田茂雄著，轉瑜譯，《天台思想入門》，佛光出版社。
釋印順，《初期大乘佛教之起源與發展》，正聞出版社。
——《如來藏之研究》，正聞出版社。
釋慧嶽，《天台教學史》，中華佛教文獻編撰社。
——《知禮》，東大圖書公司。
釋靜權，《天台宗綱要》，佛教出版社。

【其他】

維基百科、百度百科
沈海燕，〈《妙法蓮華經玄義》管窺〉，收入《閩南佛學》，北京：宗教文化出版社。
張瑞良，〈天台智者大師的如來性惡說之研究〉，《臺大哲學論評》第九期。
三學教觀社：天台九祖傳講義　http://sanxuejiaoguan.com/
杜保瑞，《摩訶止觀》的實踐方法探究　http://www.hkshp.org/duh/3bud-15.htm
學佛網　http://www.xuefo.net/

國家圖書館出版品預行編目（CIP）資料

智者大師：東土釋迦／賴志銘編撰．一初版．
臺北市：經典雜誌，慈濟傳播人文志業基金會，2019.03
464 面；15×21 公分 —（高僧傳）
ISBN 978-986-97169-3-2（精裝）
1.（隋）釋智顗 2. 佛教傳記 3. 天台宗
229.337 108003631

智者大師——東土釋迦

創辦人／釋證嚴
發行人／王端正
平面媒體總監／王志宏

編撰者／賴志銘
美術指導／邱宇陞
責任編輯／賴志銘
行政編輯／涂慶鐘
插畫繪者／林國新
排版／尚璟設計整合行銷有限公司
出版者／經典雜誌
慈濟傳播人文志業基金會
112019 臺北市北投區立德路 2 號
客服專線／（02）28989991
傳真專線／（02）28989993
劃撥帳號／19924552 戶名／經典雜誌
感謝／新豪華製版印刷股份有限公司免費製版
印製／新豪華製版印刷股份有限公司
經銷商／聯合發行股份有限公司
231028 新北市新店區寶橋路 235 巷 6 弄 6 號 2 樓
（02）29178022
出版日期／2019 年 3 月初版一刷
2021 年 9 月初版四刷
定價／新臺幣 450 元